선

禪

있는 그대로 내려놓아라

무한

·

선
禪

있는 그대로 내려놓아라

|목차|

그대 마음속에 일어나는 일이면 무엇이든
지 하게. 착함이건 악함이건 하고 싶은 일
이면 무엇이든지 다 하게. 그러나 털끝만
큼이라도 머뭇거린다든가 후회 같은 것이
있어서는 안 되네. 망설임과 후회만 따르
지 않는다면 무슨 짓이든지 다 하게. 바로
이것이 산다는 것일세.

머리말

파랑새는 내 안에 있다

　요즘, 필자의 삶은 날마다 새로워서 '매일 매일이 좋은 날[日日是好日]' 인 것만 같다. 하루 종일 혼자서 세수하고 밥 먹고 설거지하고 책을 보고 산책하고 글을 쓰고 좌선하고 또 혼자서 잠을 자건만, 밖을 돌아볼 필요가 거의 없으니 늘 모든 것이 '내 마음에서 일어난 것[自心所現]' 임을 더욱 더 실감한다. 한 생각 일으키면 전화가 오거나 사람을 만나고, 한 생각 일으키면 생각하던 글을 보고, 한 생각 일으키면 의미 있는 우편물을 받는다.

　어떤 날은 밤을 새워 책을 보고, 어떤 날은 인연 있는 분과 새벽까지 곡차를 나누고, 어떤 때는 법당에서 철야정진을 하기도 한다. 무엇을 해도 걸림이 없고, 즐겁다고나 할까. 더 이상 갈구하는 바도, 원하는 바도 없어서 늘 안분지족(安分知足)하는 편이다. 그래서인지 구태여 만나야 할 사람도, 찾아가 볼 곳도 거의 없는 것 같다. 하지만 누구를 만나도 즐겁고 어디를 가도 정겹기만 하다. 후배를 만나도 배울 점이 있고 선배를 만나도 할 말이 있다.

늘 혼자만의 삶이 항상 자신의 발끝을 돌아보는 조고각하(照顧脚下)의 계기를 주는 것 같다. 그 좁은 방에 우주를 담는다는 유마거사의 방장(方丈)이 실감이 난다. 분주한 삶 속에서 벗어나 홀로 자신과 대면하는 시간들은 더없이 소중하고 감사한 기회임을 되새기곤 한다.

  경제적으로는 빠듯해졌지만, 마음의 여유가 생기다 보니 나와 세상을 바라보는 시각에도 한결 여유가 생겼다. 직장생활을 할 때는 늘 일에 쫓기다 보니 자신을 돌아볼 시간도, 사회와 사람에 대한 관심도 가질 틈이 많지 않았기 때문이다. 일상 중에 하루 몇 번씩 토해내던 한숨도 사라져서인지, 나는 가끔 집에서 이런 멘트를 날리곤 한다.

"아~ 왜 이렇게 행복하지? 더 이상 바랄 게 뭐 있어?"

이런 말이 자주 내 입에서 튀어나오는 걸 보고는, 어느 날 아내가 이러는 게 아닌가.

"왜, 만날 당신 혼자만 행복하지? 나도 좀 행복하게 해주면 안 되겠니?"

이때, 필자는 순간적으로 찔려서 말대꾸를 할 수 없었다. 다만 마음 속으로는 '너는 행복을 항상 밖에서 찾으니깐, 그렇지.'라고 말하고 싶었지만, 그것은 어디까지나 상대방을 배려하지 못한 이기적인 말일 뿐이란 생각이 들었다. 게다가 이런 말을 하면 더 아내를 화나게 해서 밥을 한 끼 굶을 것 같아서 꼬리를 내리고 말았다.

그렇다. 자기만 행복한 것으로는 부족하다. 바로 옆에 있는 사람, 이웃, 사회마저 행복해야 완전한 행복이라 할 수 있겠다. 언제나 고함[喝]과 방망이를 자유자재로 구사하는 아내가 아니라면 이런 법문을 어디에서 들을 수 있겠는가.

본래 나의 자유와 행복은 모두의 자유와 행복과 하나될 때 완전한 것이다. '스스로 깨닫고 타인을 깨닫게 해야만 깨달음의 실천이 원만하다[自覺覺他 覺行圓滿]'라는 가르침을 떠올리지 않더라도 말이다. 여러 불·보살들이 다시 몸을 바꾸어 와서, 소위 중생구제사업을 하는 게 이런 연유에서이리라. "완전히 깨닫고 나면 구제할 중생이 하나도 없다."라는 법문이 있듯이, 모든 이들이 스스로 부처 아들임을 자각할 때까지 우리의 불행(佛行)수행은 계속 이어져야 할 것임에 틀림없다.

필자가 운영하는 넷선방 구도역정(http://cafe.daum.net/kudo-yukjung)이나 고민상담 홈피에서 만난 사람들을 보면, 세상에는 행복한 사람보다 불행한 사람이 훨씬 많은 것 같다. 그래서 우리가 사는 사바(沙婆)세계를 고통을 참아내야 하는 '감인(堪忍)'세계, 줄여서 '인토(忍土)'라고 하는가 보다.

자신을 불행하다고 느끼는 사람들은 늘 '지금 여기'에 마주한 사람과 일에 최선을 다하지 못하고 과거와 미래에 얽매여 소중한 삶을 고통 속에 허비하고 있음을 본다. 과거의 기억을 잊지 못해 고통 속에 살거나 현실에 만족하지 못해 늘 도에 넘치는 새로운 것만을 추구하는 사람들은 '지금 여기' 함께 하는 사람에 집중하여 충만한 사랑을 살아가지 못할 것은 자명한 일이다. 늘 후회와 망설임, 절망, 욕망에 휩싸여 사는 사람은 늘 주인이 아닌 '손님같은 번뇌[客塵煩惱]'의 노예가 되어 살 수밖에 없다. 임제스님의 말씀처럼 '언제 어디서나 주인이 되어 진실한 삶을 산다'면 온갖 번뇌·망상에서 벗어나 삶을 자유자재로 쓰고 누리는 행복이 다가설 텐데 말이다.

한국 근대 선종의 중흥조인 경허선사는 젊은 스님의 "어떻게 살아야 하며, 무엇을 해야 합니까?"라는 질문에 이렇게 답한 적이 있다.

그대 마음속에 일어나는 일이면 무엇이든지 하게. 착함이건 악함이건

하고 싶은 일이면 무엇이든지 다 하게. 그러나 털끝만큼이라도 머뭇거리든가 후회 같은 것이 있어서는 안 되네. 망설임과 후회만 따르지 않는다면 무슨 짓이든지 다 하게. 바로 이것이 산다는 것일세.

매 순간 미래에 대한 망설임도, 과거에 대한 후회도 없이 '지금 여기'에 깨어있는 삶을 살아야 하니 선과 악을 초월해서 보살행을 베풀며 살라는 가르침인 것이다. 이는 『금강경』의 "과거의 마음도, 미래의 마음도, 현재의 마음도 얻을 수 없다.", "마땅히 머무는 바 없이 그 마음을 내라."라는 가르침과 다를 바 없다. 즉, 언제 어디서나 머물지 않고, 고정관념에 매이지 않고, 집착하지 않고, 분별·망상하지 않는 무주(無住)의 텅 빈 마음으로 살라는 법문인 것이다.

애증과 희로애락을 반복하는 인생이라는 '혼자만의 연극'에 빠지지 않고 담담하게 바라보며 초월해 사는 삶은 늘 '지금 여기 본래의 자기'에 머무는 삶이다. 지금 이 순간 부족하면 부족한 대로, 넉넉하면 넉넉한 대로 있는 그대로의 삶을 여실하게 바라보면서 감사하게 사는 마음에 행복이 있다. 학의 다리가 길다고 자를 수 없고, 오리의 다리가 짧다고 늘일 수도 없고, 늘여서도 안 된다. 매 순간 있는 그대로의 사람과 삶을 소중히 생각하고 동체대비(同體大悲)의 마음으로 충만한 삶을 살아간다면, 어느새 행복의 파랑새가 내 안에 있음을 확신하는 때가 올 것이라 생각한다.

이 책은 필자가 월간 『선문화』, 월간 『불교와 문화』, 월간 『여성 불교』등에 기고한 글 가운데, 일상 생활 속의 마음공부에 도움이 되는 내용만을 모아 보완한 글들이다. 필자는 선(禪) 공부를 하며 나름대로 고민하고 수행하며 터득한 바를 불교언론이나 인터넷 선방을 통해 공유하면서 재가 수행자들이 안고 있는 어려움을 실감한 터라, 보다 쉬우면서도 핵심을 담은 생활선 입문서를 쓰고 싶었다. 고등학교 1학년 때 인도 명상서를 보고 깨달음을 인생의 목표로 삼았던 시절을 되돌아보면, 조사선(祖師禪)을 만나 나름의 안심(安心)을 얻은 것은 하나의 축복이었다. 오늘도 많은 수행자들이 길을 찾지 못해 번민하고 있지만, 다행히 필자는 절밥을 먹으면서 국·내외 큰스님들과 선지식을 친견하고 선법문을 듣거나 문답을 나누며, 경전과 선어록을 열람하고, 참선을 하면서 비로소 타는 목마름을 적실 수 있었다.

이 책은 부처님과 역대 조사의 가르침을 바탕으로 불자들의 생활선에 직접적인 도움이 되도록 필자의 경험을 담아 집필하였지만, 여전히 미흡한 점이 많다. 아울러 수행체험이란 주관성이 다분한 것이기에, 오류 역시 적지 않을 것이다. 잘못된 점이 있다면 필자의 부족한 안목 탓이기에, 과감한 질정과 지도편달을 기다린다.

삼세의 모든 부처님과 보살님, 역대 조사님과 대덕, 선지식의 가르침과 가피에 엎드려 절하면서, 불법(佛法)의 인연을 열어주신 한마음선원 원장 대행 큰스님과 이 책을 정성스럽게 만들어 주신 도서출판 무한 사장님 이하 직원분들께 진심으로 감사드린다. 앞으로도 초발심 때의 순수하고 간절한 마음으로 상구보리 하화중생의 본분사(本分事)에 더욱 매진할 것을 발원 올리나이다.

부천 원미산 아래 무무당(無無堂)에서 푸른바다 김성우 두 손 모음

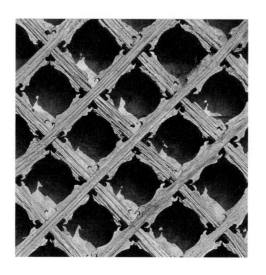

일체 중생이 모두 여래와 같은
지혜 덕상(德相)이 있건마는
분별망상(分別妄想)으로 깨닫지 못하는구나.

'본래성불'을 확신해야 변화가 시작된다

"참선은 하면 할수록 힘만 들고 결과가 나오지 않으니 어떡하죠?"
"본래 깨달아 있는 자성(自性)을 확인한다는 생각을 해보셨나요."
"저도 그 말은 큰스님께 들어본 적은 있지만 믿기지가 않거든요."
"'본래부터 성불해 있음[本來成佛]'을 절대적으로 확신하지 않으면 평
 생의 공부가 벽돌 갈아서 거울 만드는 일과 같아요."

어느 날 필자는 30여 년간 참선을 했다는 60대의 한 보살님과 이런
문답을 나눈 적이 있다. 그토록 오랫동안 유명 선원을 오고 가며 참선
했건만 마음의 편안함을 얻지 못했다는 그에게 필자는 "목적지를 알
지 못하고 가면 고생만 죽도록 하며 헤맬 뿐"이라고 강하게 말했다.
그 보살님은 약 두 시간에 걸친 '본래성불(本來成佛)'과 관련한 대화
를 통해, 그동안 막혀있던 부분이 터지는 것 같다며 거듭 감사의 뜻을

표했다. 그 후로 그는 완전히 새로운 자신감으로 남은 생을 기쁘게 정진하고 있다.

또 얼마 전에는 한 거사님을 만났는데, 그분 역시 '모래를 쪄서 밥을 지으려는' 공부를 하고 있었다. 그분은 경전도 선어록도, 교리도 필요 없고 오로지 선정(禪定)을 닦아야만 한다며, 부처님 이후로는 한 명도 성불한 이가 없다고 큰소리를 쳤다. 소위 참선을 하겠다는 분이 '누구나 성품을 보면 즉각 깨달을 수 있다'는 부처님과 조사님들의 말씀을 믿지 않고 도대체 무엇을 어떻게 닦아 깨닫겠다는 것인지 알 수 없었다.

이처럼 많은 재가 수행자들은 선(禪)이 무엇인지, 왜, 어떻게 닦아야 할지 제대로 모르고 아까운 세월을 낭비하는 경우가 많다. 서울에 가려고 하면서 서울이 어디쯤에 있고, 어떻게 가야할지 알아야 할 텐데 그것도 모른 채, 무작정 좌복(방석) 위에만 앉으려는 '좌선 지상주의'에만 빠져 있는 듯하다. 그러다 보니 평생을 참선한다고 이 절, 저 절 찾아다니며 용맹정진하였건만 아무것도 얻은 바도 없고, 참선이 뭐냐고 누가 물으면 단 한 마디도 할 줄 모르는 결과를 보게 된다. 필자 역시도 25년간 이 수행, 저 수행 경험하다 결국 참선을 접하게 되었지만 공부 길을 속 시원하게 안내해 주는 이는 거의 없었다. 무작정 철야참선도 해보고 선어록도 읽어보았지만 도무지 수행 방향에 대한 가닥이 잡히지 않았던 시절이 있었다.

그러던 중, 답답하던 가슴을 시원하게 해준 것은 큰스님들의 법문이었다. 현대불교신문사에서 기자로 활동하면서 친견한 국·내외 큰스님들로부터 공부의 요체를 얻어듣게 된 것이다. 이와 함께 아침, 저

녁으로 큰스님들의 법문과 경전, 선어록 등을 테이프로 반복해서 듣는 과정에서 서서히 공부에 대한 가닥이 잡혔다. 그리고 어느 날 한 참선법회에서 한 스님이 '본래성불'을 주제로 법문하는 도중에 '옳거니 바로 이거야.'라며 절대적인 확신과 기쁨을 갖게 되었다. 그동안 수도 없이 고막을 스치고만 지나갔던 '본래성불'에 대한 설법이 마음 땅에 비를 내리는 '심지법문(心地法門)'이 되어 전혀 새로운 충격과 법열(法悅)로 다가왔던 것이다.

이때부터 세상을 바라보는 필자의 세계관은 완전히 뒤바뀌었다. 보고 듣는 그대로가 불법(佛法)이요 마음 아닌 것이 없었으며, 지금 여기의 삶 그대로가 극락임을 실감하게 되었다. 참선공부 역시 깊어져 크고 작은 체험들이 이어졌으며, 그동안 이해하지 못했던 경전과 선어록의 법문을 알게 되었고, 마음공부는 바쁜 생활 속에서도 자연스럽게 이어지게 되었다.

그 후 필자는 만나는 도반들이나 참선 입문자들에게 '본래성불'의 뜻을 강조하곤 하는데, 그렇다면 이것은 과연 어떤 깊은 뜻을 담고 있을까. 『화엄경』에서는 이 도리를 극명하게 보여주고 있다.

"부처님이 보리수나무 아래에서 처음 정각(正覺)을 이루시고 일체 만유를 다 둘러보시고 감탄하시며 다음과 같이 말씀하셨다. '기이하고 기이하구나. 일체 중생이 모두 여래와 같은 지혜 덕상(德相)이 있건마는 분별망상(分別妄想)으로 깨닫지 못하는구나.'"

부처님께서는 『무상의경』에서도 "딱하다 중생이여, 여래가 중생 몸 안에 있거늘 보지 못하는구나."라고 설하셨다. 이처럼 조사선은 '본래 깨달음의 성품을 갖추고 있다[本有覺性]'는 이 믿음에서 출발해, 이것을 확인[見性成佛]하는 것으로 귀결된다고 해도 과언이 아닐 것이다.

2003년 말 입적한 청화스님도 이 점을 강조한 바 있다.

"참선하는 분들은 본래성불 자리를 분명히 믿어야 합니다. '본래 부처이기 때문에 자연적으로 일체의 번뇌와 때가 묻지 않은 모든 공덕을 원만히 갖추고 있다'고 믿을 때에 이른바 안심법문(安心法門)이 되는 것입니다. (밖으로) 구할 것이 없는 것입니다. 내 마음만 믿어버리면 사실은 구할 것이 없습니다. 따라서 휴거헐거(休去歇去)라, 이 마음 쉬고 또 쉬어버리는 것입니다."

이미 완전한 덕성을 갖추고 있기에 헐떡이며 밖으로 구하는 것은 또 다른 집착과 분별심을 낳는다는 의미에서 선사들은 한결같이 '소를 타고 소를 찾는다.'라거나 '물고기가 물을 찾는다.'라고 경계했다. 특히 진각혜심선사는 "미륵의 궁전 안에 있으면서 도솔천에 나기를 바라고, 장안의 함원전 안에 있으면서 다시 장안을 찾으며, 맑고 맑은 물속에서 헤엄치는 물고기가 스스로 물이 어디 있는지 모르고, 밝디밝은 태양 아래서 눈먼 자가 보지 못한다고 한다. 쉬어라, 쉬어!"라고 노파심을 보였던 것이다.

조사선에서는 인간이 본래 갖추고 있는 진실한 모습을 '본래면목(本來面目)' 또는 '본래인(本來人)'이라고 한다. 즉, 중생의 본원청정심은 본래 모든 오염으로부터 벗어나 맑고 고요하다고 한다. 그리고 제법은 허망하고 실체가 없으며 자성이 없어서 집착할 만한 대상이 없기 때문에 '본래무일물(本來無一物)'이라고도 한다.

따라서 조사선의 수행은 중생을 부처로 바꾸는 본질의 변화를 가하는 것이 아니라, 인간의 본바탕을 바로 보지 못하는 착각에서 깨어나는 수행이라 할 수 있다. 그래서 참선하는 이는 먼저 사량·분별심을 버리고 현실에 처한 자신을 바로 보되, 무한한 가능성의 존재(부처)임을 잊지 말아야 한다. 굳이 '일체유심조'라는 말을 떠올리지 않더라도, 자신을 '구제불능의 중생'이라고 꼬리표를 붙이는 한, 어떤 수행을 하더라도 중생이란 딱지를 떼어내기란 요원한 일이기 때문이다.

선원의 청규를 기록한 『환주청규』에는 "일을 할 때나 좌선을 할 때나 동정(動靜)의 두 모습이 여여하게 같아야 하며 근원적인 본래심인 당체는 일체의 경계를 지양(초연)하도록 해야 한다."라는 글이 있다. 어떤 일을 하거나 사람을 만날 때도 일하고 대화하고 있는 본래면목(자성, 주인공, 무위진인)을 확인해야 하며, 늘 자기의 '육신과 의식'이 아닌 허공과 같은 성품(性品)이 말하고 듣고 일하고 있음을 자각해야 한다. 나라고 집착하는 인간관계와 삶을 벗어나 모양도 형상도 없는 자성(自性)이 인연 따라 허공에 연기를 피웠다 지웠다 하는 일이기 때문이다.

'마음 밖에는 부처도 없고 중생도 없다.'라는 자각이 깊어진다면 일과 인간관계로 인한 스트레스와 짜증은 '허공 꽃'과 같은 환영임을 알게 된다. 이렇게 보고 생활한다면 모든 집착과 분별심을 여의고 늘 청정한 허공의 마음으로 사물에 응대하되, 머물지 않는 자비심으로 자유로운 삶을 살 수 있을 것이다.

아침에 억지로 눈을 뜨고 일어난 자기를 되돌아보라. 지금 사무실에 앉아 일도 하고 컴퓨터 모니터의 글도 읽고 있건만, 그대는 어느새 승용차나 전철을 타고 집으로 돌아가고 있을 것이다. 날마다 반복되는 이 무상한 삶속에서도 그 무상을 알고 있는 그것(본래면목)은 늘 여여하다.

믿음은 보배창고를 여는 비밀의 열쇠

일체의 속박과 굴레 속에서도 흔들림 없이 '머물지 않는 마음[無住
心]'으로 산다면, 누구나 도심 속의 자유인이 되어 있을 것이다. 하지
만 세상에는 자유인보다는 스스로 만든 경계에 속박당해서 고통스러
워하는 사람들이 훨씬 많다. 소위 수행자라고 자부하는 사람들도 마
찬가지다. 대부분의 구도자가 자유를 얻지 못하는 까닭은 불법에 대
한 철저한 믿음과 구도를 향한 발심이 부족하기 때문이다.

경북 구미에서 농사를 지으며 수행하고 있는 41세의 김 모 거사는
요즘 장가 가라는 부모님의 성화에 고민이 적지 않다. 5년 전, 구미에
서 직장에 다니다가 스트레스가 많은 샐러리맨 생활에 염증을 느끼고
퇴사한 그는 본격적인 수행자의 길로 접어들었다. 국내의 유명 사찰
시민선방에서 '이 뭣고?' 화두를 들기도 한 그는 염불, 주력, 절하기
등 이런 저런 수행을 해봤지만 재미를 못 보고, 마침내 미얀마, 태국,
인도로 구도여행을 떠났다. 다람살라에서 티벳식 동굴수행까지 경험
한 그는 결국 체력의 한계를 극복하지 못하고 지난 해 귀국했다. 다시
시골의 한 토굴에서 석 달을 지내다가 부산의 유명 선원에서 하안거
를 마친 그는 드디어 간화선에 대한 확신을 갖게 되었다고 한다. 간화
선을 접한 지 무려 10년 만에 '이 뭣고?' 화두를 들고 꾸준히 정진하
면 깨달을 것이라는 자신감이 든 것이다. 그는 "스승을 만나지 못해
수행법에 대한 믿음을 갖지 못한 것이 세월을 낭비한 결정적인 요인
인 것 같다."라고 아쉬워했다.

김거사처럼 뒤늦게나마 제대로 발심을 하게 된다면 그나마 다행이다. 적지 않은 불자들이 발심조차 제대로 안 된 경우가 있는 것 같다. 참선, 염불, 위빠싸나, 간경, 사경, 절하기 등 여러 수행법을 쇼핑하듯이 경험하고 진득하게 한 방편으로 수행하지 못하는 불자들이 그러하다. 누가 옆에서 "이렇게 하니까 잘 되더라." 하면 금세 수행법을 바꾸거나, 여전히 기복신행에 몰두하는 불자들도 있다. 이러한 원인은 바로 믿고, 바로 이해하고, 바로 실천하고, 바로 깨닫는 '신·해·행·증(信解行證)'의 진지함이 부족하고 무엇보다 불·법·승 삼보와 스승, 수행법에 대한 믿음이 부족한 것이 큰 원인이다. 특히 인터넷에 넘쳐나는 불교정보는 믿음과 실천이 부족한 알음알이 불자를 양산하는 한 요인이 되고 있다.

신심은 도(道)의 근본이자 공덕의 어머니

믿음이 확고할 때 우리들 마음속에 자리 잡고 있는 부처님 법에 대한 의심, 깨달음에 대한 회의, 수행과 보살행에 대한 머뭇거림들은 모두 사라진다. 불법에 대한 확고한 믿음 속에서 모든 의혹들은 봄눈 녹듯 사라지고 바른 믿음의 법열(法悅)로 인해 보리의 열매가 영글게 된다. 이제 막 수행을 시작하려는 이나, 수십 년을 참구해도 제자리걸음인 불자들은 반드시 '도(道)의 근본이자 공덕의 어머니[信爲道元功德母]'인 믿음을 재점검해 볼 필요가 있다.

마음의 땅에 믿음의 씨앗을 뿌리게 되면 그것은 두터운 번뇌와 욕망의 껍질을 뚫고 지혜의 새싹을 틔워서 마침내 무량한 지혜와 복덕이 수확된다. 그러니 이 믿음이야말로 무량한 보배가 가득한 보배창고인 것이다. 그래서 『화엄경』「십무진장품」에서는 "보살은 이와 같이 무변무진한 '믿음의 창고[信藏]'를 완성하여 여래의 큰 수레를 타고 나아간다."라고 하였다.

최근의 베스트셀러인 『긍정의 힘』과 『시크릿』이라는 자기계발서가 각각 '믿는 대로 된다.', '생각이 현실이 된다.'라는 주제로 성공의 비밀이 일체유심조(一切唯心造)에 대한 믿음에 있음을 강조하고 있는 것은 결코 우연이 아닌 것 같다.

『잡아함경』에서 부처님께서는 "믿음은 내가 뿌리는 씨앗이며 지혜는 내가 밭가는 쟁기"라고 설하셨다. 『화엄경』「현수보살품」에서는 "신심은 썩지 않는 공덕의 씨앗, 위없는 보리의 나무를 싹틔우고 뛰어난 지혜의

문을 자라나게 하여 모든 부처님들을 잘 나투시게 하네."라고 하였다.

신심으로 일심 진여법계를 깨닫는다

3조 승찬대사는 『신심명』에서 "믿는 마음은 둘 아니요, 둘 아님이 믿는 마음이다[信心不二 不二信心]."라고 하였다. 성철스님은 이에 대해 "신심은 범부에서부터 부처가 될 때까지 모두 신심뿐인 것이니, 이는 신(信)·해(解)·오(悟)·증(證)을 함께 겸한 신심이다. 신심으로써 진여법계를 깨닫는다."라고 하였다. 스님은 또 "신심은 불법진여의 근본으로서 그것은 둘이 아니며, 모든 (대립적인) 것은 원융하여 쌍조(雙照)가 되어서 거기서는 아무 상대도 없고 무애자재만 남게 된다."라고 하였다.

마명보살은 『대승기신론』을 쓴 뜻을 "중생들의 온갖 의심 풀리게 하고 집착으로 생긴 견해 버리게 하며 참 대승의 바른 믿음 일깨워 주어 부처님 씨 이어가기 바라옵기에"라고 하였다. 이에 대해 청화스님은 『기신론 소별기』에서 "중생이 영원히 삶과 죽음의 바다에 빠져 열반의 언덕에 가지 못하는 까닭은 의혹과 잘못된 집착이 있기 때문이다. 법과 법에 이르는 길에 대한 의심을 없애고 굳은 믿음을 일으켜 대승은 오직 한마음[一心]뿐이라는 사실을 믿고 알도록 바른 믿음을

일깨운다."라고 풀이했다.

　조사선의 마음공부는 무엇보다 마음이 자심에 본유하는 불성, 부처와 본래 차이가 없음을 확고하게 믿어야 한다. 비록 조사선은 개개인이 모두 불성을 가지고 있어 문득 성불할 수 있다고 설하지만, 사람들이 진정 이러한 종지를 믿는 것도 쉽지 않으며, 근성(根性)이 지혜롭고 날카롭지 않다면 체득하기가 매우 어렵다. 때문에 조사선은 사람들의 자심즉불(自心卽佛)임을 확신하게 하며, 자심의 본유(本有)하는 불성을 의심하지 않게 한다.

　혜능선사는 조사선이 상근인(上根人)을 위해 설한 것이며, 스승으로서 해야 할 가장 중요한 일은 사람들의 의심을 부수어 없애버리는 것이라 강조하였다. 그는 "만약 어리석은 사람을 교화하려면 모름지기 방편이 있어야 한다. 그가 의심이 없도록 하면 보리가 나타날 것이다."라고 하여, 의심을 제거해야 돈오 해탈할 수 있다고 했다.

　팔리삼장 주석서의 통계에 따르면, 부처님 당시에 수다원과 이상 아라한과까지의 도과를 이룬 수행자는 무려 1만2천975명에 달한다. 이 가운데 2천612명은 법문을 듣는 즉시 깨달았다고 기록되어 있다. 즉, 말끝에 단박 깨닫는 언하대오(言下大悟)가 부처님 당시에는 더욱 흔한 일이었던 것이다. 이는 32상80종호를 구족한 거룩한 부처님을 직접 친견하면서 느끼는 절대적인 신심에서 비롯된 것이라 추측할 수 있다.

불법은 완전하건만 스스로 의심할 뿐

혜능선사의 제자인 법달화상은 『법화경』에 7년을 의지하였으나 깨닫지 못하고 경문에 아직도 의심이 있었다. 혜능선사가 그에게 "경전 자체는 의심할 만한 곳이 없다. 네 마음 가운데 스스로 의심이 있기 때문에, 깨닫지 못한 것이다."라고 하여, 마침내 깨닫게 한 일화가 있다. 의심은 그만큼 성불의 큰 장애인 것이다.

그래서 마조선사는 "너희들 각자 자심이 부처임을 믿어야 한다. 이 마음이 곧 부처의 마음이다."라고 강조하였다. 임제선사는 "지금 도를 배우는 너희들은 스스로 믿을 뿐, 밖으로 향하여 구하지 말라. 학인들의 병이 어디에 있는가? 병은 스스로 믿지 못하는 곳에 있다."라고 경책하였다.

송대에 성립된 간화선의 '의단(疑團)' 역시, 자심불성을 확신하는 기초 위에 화두를 의심하는 것이다. 그래서 대혜종고선사는 "천 가지 만 가지 의심도 다만 하나의 의심이고, 화두상의 의심을 없애면 모든 의심이 일시에 없어진다."라고 하였던 것이다.

한 마디로 조사선의 수행은 믿음에서 시작해 믿음으로 귀결됨을 알 수 있다. 도의 근원인 믿음이 없이는 바른 수행도 깨달음도 없다. 아직도 막막하거나 답답한 수행자가 있다면, 마음을 텅 비우고 온몸이 눈과 귀가 되어 부처님과 조사스님의 말씀을 경청해 보자.

수행이란 선방에서나, 가정에서나, 직장에
서나, 잠을 잘 때나, 길을 걸을 때나 중단되
어서는 안 된다. 언제 어디서나 깨어 있는
상태에서 공부를 한다는 것은 쉬운 일이
아니지만, 그러한 목표로 한결같이 공부해
야 한다. 그래야만 어떠한 경계가 나타나
더라도 흔들림 없이 자유로운 삶을 누릴
수 있기 때문이다.

한 생각 일으킬 때가 수행할 때다

"김 과장, 일을 이 따위로밖에 못해!"
"부장님, 저도 밤 새워가며 일했는데, 어떻게 그런 막말을 함부로 하십
니까?"

한 중소기업에 다니며 주말마다 시민선방에서 참선수행을 하는 김
과장은 직장에서 상사와 부딪힐 때면, 회사생활에 만정(萬情)이 뚝뚝
떨어진다. 토끼 같은 자식이나 여우 같은 마누라만 없다면 당장 회사를
때려치우고 참선만 하고 싶어질 때가 한두 번이 아니다. 그런 동시에
한 마음 돌이켜 보면, '몇 년째 주말마다 참선을 하며 마음공부를 해왔
다는 결과가 이것밖에 안 되는가.' 하는 회의가 들기도 한다. 직장에서
꾸준히 좋지 않은 일만 벌어지는 것도 그렇고, 상사들이 화를 부추겼을
때 여여(如如)하지 못한 자신의 모습에 더욱 화가 나기도 한다.

이러한 모습은 생활 속에서 정진하는 모든 수행자들도 마찬가지일 것이다. 왜 이런 문제가 발생할까? 그것은 일과 수행을 별개로 보고 있기 때문이다. '도가 깊어질 수록 마가 치성한다[道高魔盛].' 라는 말이 있듯이, 수행이 깊어질 수록 24시간 그대로 공부가 되어야 하는 도리를 아직 실감하지 못하고 있는 것이다.

참선이란 결코 좌복 위에 앉아서 하는 것만이 아니다. 선방에서 정진한 힘을 바탕으로 생활 가운데서 늘, 자기의 주인이 되어 삶을 활기차게 영위하는 것이다. 24시간을 끌려가는 사람이 아니라, 24시간을 부리는 당당한 대장부가 되는 삶이다. 아직도 입선(入禪)과 방선(放禪)이 따로 있다고 생각하는 사람은 선문(禪門)에 입문조차 하지 못했음을 인정해야 한다.

수행이란 선방에서나, 가정에서나, 직장에서나, 잠을 잘 때나, 길을 걸을 때나 중단되어서는 안 된다. 언제 어디서나 깨어 있는 상태에서 공부를 한다는 것은 쉬운 일이 아니지만, 그러한 목표로 한결같이 공부해야 한다. 그래야만 어떠한 경계가 나타나더라도 흔들림 없이 자유로운 삶을 누릴 수 있기 때문이다.

결국 언제 어디서나 공부를 지어갈 수 있기 위해서는 '한 생각 낼 때가 바로 공부할 때' 임을 알아야 한다. 순간순간 한 생각 일으킬 때에 공부가 된다면 24시간이 공부가 될 것이고, 일생이 깨어있는 삶이 되지 않을 수가 없다.

항상 편안하고 부동하여 경계에 흔들리지 말라

그렇다면, 한 생각 낼 때 공부해야 하는 이유와 방법을 알아봐야 하겠다. 『법성게』에 나오는 다음 구절은 이 의문에 대한 답을 암시하고 있다.

무량한 오랜 시간이 곧 일념이요[無量遠劫卽一念]
일념이 곧 무량겁이로다[一念卽是無量劫].

무량한 세월도 단 한 생각일 뿐이라는 의상대사의 법문이다. 어떤 일을 연구할 때나, 재미있는 TV프로그램을 보고 있을 때와 같이 등 마음을 한 곳에 집중하고 있으면 수 시간이 지나도 한 생각이 지났다고 느껴질 때가 있다. 원래 시간은 존재하지 않는 것이다. 시간은 마음이 시간을 느낄 때만 존재하기 때문에 그러한 현상이 나타난다.

역으로, 한 생각이 영원(永遠)을 담고 있으므로, 매순간은 평생과 연결됨을 알 수 있다. 매순간을 잘 사는 것은 평생을, 아니 무량겁을 잘 사는 것이다. 때문에 우리는 자신이 하는 일에 매순간 최선을 다하지 않을 수 없다. 어떤 일이든 내가 하고 있으면 생명을 바쳐서 해야 한다. 사람들이 의미 있는 일과 무의미한 일을 나누어 놓는 것이 분별심이자 병이다. 모두 의미 있는 일이라고 생각해야 어떤 일을 해도 무시하지 않고 서로 존중하는 지상낙원이 올 것이다.

인생살이 자체가 곧 불법이다. 참선하는 것도, 농사짓는 일도, 청소하고 밥하는 일도 쉬운 일이 아니다. 이런 일을 하면서 하찮다 생각하지 않고, 화를 내지 않으며, 욕심내지 않고, 어리석지 않으며, 자신의 일을 무심히 잘 하는 것은 결코 쉬운 일이 아니다. 그야말로 도를 닦는 것과 진배없다. 마조선사의 '평상심이 도(道)'라는 말이 그래서 나왔다. 도는 언제 어디서나 닦을 수 있고, 닦아야 하는 것이다. 무엇을 하든 마음이 쉬고 고요하면 열반의 세계에 사는 것과 다름없다고 고인들은 말했다. 지금 마주한 삶을 벗어나 행복을 따로 성취하려는 것은 신기루를 잡으려는 것과 다름없음을 알아야 한다.

한 선지식은 마음의 이치를 아는 일이 얼마나 중요한지를 이렇게 설한 적이 있다.

마음 도리를 모르면 백보를 뛰어도 종종걸음에 불과하고, 이 도리를 알면 앉은 자리에서 한 생각에 천만 리를 드나들 수 있습니다. 마음이 주인이자 부처이므로 한 생각 일으키면 문수요, 움직이면 보현인 것이니 한 마음 자리에는 부처, 문수, 보현이 따로 없습니다.

생각이 일어나지 않고 가만히 있으면 공한 자리이다. 그러나 한 생각 일어나면 만법이 들고 난다. 악한 일을 생각하면 화하여 지옥이 되고, 착한 일을 생각하면 화하여 천당이 되는 것이다. '한 생각이 곧 법'이기에 마음의 중심을 쥐고 한 생각 낼 때, 우주 법계가 들썩들썩하는 이치가 여기에 있다.

만법이 그 한 자리에서 출현하였으니 그 자리로 돌아가 한 생각 내면 그것이 그대로 법이 되며, 모든 것이 생각대로 된다. 그 일체 법이 근본자리에서 일으킨 생각이기 때문이다. 다 놓았을 때 비로소 한 생각에 천 리도 갈 수 있고, 한 찰나에 저승으로, 미래로, 과거로 갈 수도 있다.

그렇다면 만법이 일어나기 전 근본자리는 어떤 것일까?

『조주록』의 문답에서 힌트를 얻어 보자.

한 수행자가 물었다.

"어느 때가 가장 참 적당할 때입니까?"

조주선사가 답했다.

"일념이 일어나지 않을 때[一念未起時]이다."

여기서 일념도 일어나지 않을 때는 본래 그러한 자리이고, 근원이며 본질이다. 우주의 본질과 같은 때이고, 부처와 조사와 같은 때이므로 가장 참된 때이다. 마치 돌과 같고 나무와 같은 경계는 아니지만, 일념미기시(한 생각 일어나도 본래 일어난 바가 없다)를 알면 어느 때나 마음이 평온한 경지를 유지할 수 있을 것이다.

헤아리면 곧 어긋난다

우리는 언제 어디서나, 생각 이전의 자리에서 무심하게 마음을 내어야 한다. 머무르지 않는 데[無住]서 생각을 내는 것이지 머무르는 데서 생각을 낸다면 바깥 경계에 끄달려서 유(有)의 세계의 노예가 되기 때문이다. 그렇다고 바깥 경계를 무시한다면 그 또한 머무르는 자리에서 생각을 낸 것이므로 무(無)의 세계의 노예가 될 것이다. 유와 무에 걸리지 않는 중도(中道)를 자유롭게 쓸 수 있도록 일상 속에서 끊임없이 자신을 단련하는 것이 마음공부의 요체라고 할 수 있다. 늘 아무 집착 없이 한 생각 일으킨다면 온 우주의 마음이 함께 하게 된다. 그런 마음을 현실에서 확인해 가면서 정진한다면 더욱 공부에 힘이 붙게 됨은 물론이다.

다시 『조주록』의 문답을 통해 근원과 하나 되어 가는 공부에 대해 음미해 보자.

어느 학인이 물었다.
"무엇이 근원으로 돌아가는 것입니까?"
조주선사가 답했다.
"헤아리면 어긋난다."

근원은 만 가지 진실이 나오는 본래자리[本地], 즉 본래면목(本來面目)을 말한다. 그런데 본래자리는 허공처럼 모양이 없기에 거기에 들어가려는 욕구가 있으면 그것이 오히려 장애가 된다. 중생은 이미 본

40

래자리에 있는 사람이다. 중생의 본심(本心)이 곧 본지인 것이다. 물론 중생의 마음 중에서도 무심(無心)이 진짜 인간의 본성이요, 참 부처이다. 무심이란 망상 없는 마음을 말한다. 반대로 유심은 분별이 가득한 마음이요, 중생심이다.

무심과 유심을 선택하여 사용하는 것은 우리의 자유이지만, 원래 사람의 본심은 무심이다. 유심은 무심에서 나온 것이기에, 자기의 본질로 돌아가려면 무심을 사용해야만 한다. 무심은 한없이 넓고 큰 마음이다. 무심으로 돌아가 붓다와 같은 넓은 마음을 쓰는 것이 공부인의 일상사가 되어야 한다.

본심, 즉 무심은 그것이 어디인가 헤아리거나, 알려 하거나, 들어가려 하거나, 설명하려 하면 벌써 어긋남을 유념해야 한다. 단지 마음을 고요히 하고 아무 생각도 일으키지 않고 있으면 저절로 드러나는 것이 무심이다. 마치 흐린 물이 고요해져 맑은 물이 나타나면 물 밑바닥이 보이는 것과 같은 이치다. 고요한 본심이 곧 본지인 것이다.

우리 마음이 동요되지 않고 고요하다면 우리는 이미 본지풍광(本地風光)에 들어있는 것이니, 인위적인 조작을 하지 않고 무심히 살아가면 된다. 물론 무심이라고 하니, 죽은 목석같이 되라는 것이 아니라 모든 사물을 모조리 비춰주는 거울처럼 온갖 경계를 그대로 비추어주되 물들지 않고 또렷또렷하고 고요하게 살아가는 것이 생활 속 공부의 요령이다.

만약 마음이 동요되지 않고 고요하기 위한 방법을 묻는다면, 조주 선사는 "한 생각도 일으키지 않아야 한다."라고 말할 것이다.

질문이 없으면 번뇌도 없다. 실제리지(實際理地) 따위를 어디에 두려는
가. 한 마음 일어나지 않으면 모든 것에 허물이 없다. 다만 법리를 규
명하고 좌선하는 일만을 20~30년 하라. 그래도 해득할 수 없다면 내
목을 잘라가라.

『조주록』

우리의 본래면목은 원래 청정하다. 내 속에 있는 빈 성품은 우주가
생기기 이전에도 있었고, 우주가 무너지고 세계가 멸망하여도 무너지
지 않고 변함이 없다. 나의 바탕은 허공과 같아서 이름도 없고 형체도
없는 것인데 무슨 질문이 있겠는가. 그래서 고인들은 "다만 마음을 쉬
어라. 한 마음이라도 일어나면 만 가지 허물이 일어나지만, 한 마음도
일어나지 않으면 만 가지에 허물이 없다."라고 한 것이다.

조주선사는 "먼저, 이치를 탐구하여 마음이 부처인 것을 깨달으라.
그러고 난 다음 20년이고 30년이고 좌선하며 마음을 쉬어가다 보면
어느 날 저절로 진실과 일치된 자신을 발견하리라." 이렇게 자신 있게
당부하고 있는 것이다.

대상에 물들지 않고 참 성품이 항상 자재해야

무심을 얻은 사람은 일체처에 무심하게 평정심을 유지하면서도 또 렷또렷하게 맡은 일을 해내는 자유인이다. 무심을 닦는 공부인은 언 제 어디서 무슨 일을 하든 걸림 없이 그 일을 최고로 잘 해낼 수 있는 것이다. 순간순간 한 생각 일으킬 때에 그 마음을 가장 잘 쓸 수 있기 때문이다.

그렇다면 마음을 잘 쓰기 위해서는 어떻게 해야 할까. 먼저, 모든 경계를 내 탓으로 돌려 남을 원망하지 말아야 한다. 남을 원망하고 경 계에 착을 두어 욕심을 낸다면 그 생각 하나에 모든 게 잘못되어 간 다. 그러므로 선지식들은 "한 생각 선(善)으로 돌리면 곧 지혜가 생기 며 그대로 부처요 화신인 것이나, 한 생각 잘못하면 중생이다."라고 했다. 자기와 둘 아닌 자리에서 아픔을 같이 하면서 한 생각 일으키는 자비심, 그것이야말로 우리 자신을 진실로 이끄는 힘이다.

『육조단경』 '정혜품(定慧品)'에서 혜능선사는 진여(眞如)와 생각 [念]을 체(体)와 용(用)으로 설명하면서 대상에 매이지 않고 생각을 내 는 법을 다음과 같이 설하고 있다.

진여(眞如)란 곧 생각[念]의 본체이며 생각은 진여의 작용이므로 진여 의 자성이 생각을 일으키는 것이고 눈, 귀, 코, 혀가 생각하는 것이 아 니라, 진여의 성품이 있으므로 생각이 일어나는 것이다. 만약 진여가 없다면 눈과 귀와 소리와 물질이 곧 없어질 것이다. 진여의 자성에서 생각을 일으키면 육근(六根)이 비록 보고 듣고 깨닫고 알더라도, 모든

44

대상에 물들지 않고 참 성품이 항상 자재할 것이다.

그러므로 『유마경』에 이르기를 '모든 법상(法相)을 잘 분별하되 제일의(第一義)에 있어서는 움직임이 없다.' 라고 한 것이다.

사람들은 "세상은 마음먹기에 달렸다."라고 흔히 말한다. 하지만 이것을 진짜 믿고 실천에 옮기는 사람은 흔치 않다. 한 생각의 중요성, 마음의 능력, 마음의 묘법을 알면 그것을 생활 가운데서 체험해야 하는데도 말이다. 이러한 이치를 모르고 좌선에만 집착한다면 그것은 죽은 공부, '앉은뱅이 선'에 불과하다고 혜능선사는 질타할 것이다.

일체에 집착함이 없이 그 마음을 쓰라

혜능선사의 이러한 가르침은 그가 깨달음을 얻은 『금강경』의 '응무소주 이생기심(應無所住 而生其心)'이란 구절에도 드러나 있다. "마땅히 머무는 바 없이 그 마음을 내라." 즉, "일체의 것에 집착함이 없이 그 마음을 쓰라."라고 해석되는 이 실천덕목은 『금강경』의 핵심이자 선종의 종지를 담고 있다.

5조 홍인 이후 6조 혜능스님 때부터 선종에서 『금강경』을 소의경전으로 택한 것은 "한 곳에 집착하는 마음을 내지 말고, 항상 머무르지 않는 마음을 일으키고, 모양으로 부처를 찾거나 보지 말 것을 강조한 정신" 때문이다. 이러한 『금강경』의 정신과 실천행을 집약한 '응무소주 이생기심' 이란 구절은 소박하게는 대립, 분별, 집착을 버린 참 마음을 가지므로써 너와 나, 원인과 결과를 생각하지 않는 삶을 살 것을 말한다. '머무름이 없는 행' 은 곧 중도행(中道行)이고 머무름이 없다는 그것에도 머물지 않는 초월의 길이기도 하다. 보아도 집착하지 않고, 들어도 걸리지 않는 것이 머무름이 없는 반야바라밀이다.

이 '머무는 바 없는 행' 에 대해 조주스님은 "부처님이 계신 곳은 머물지 말고 급히 지나가라."라고 했다. 임제스님은 "부처를 만나면 부처를 죽이고, 조사를 만나면 조사를 죽여라."라는 말까지 했으며, 대주스님은 "머무름이 없는 마음이 부처의 마음[佛心]"이라고 선언했다.

여기서 '머무는 바 없는 마음' 이 부처님의 몸이라면 '그 마음을 낸다.' 라는 것은 부처님의 작용이다. 참다운 수행자는 눈, 귀, 코, 혀, 몸, 마음의 6가지 감각기관의 인식대상인 색, 소리, 냄새, 맛, 촉감, 마음이란 경계의 어떠한 상(相)에도 집착하지 않는 공부를 해나가야 한다. 물론 쉽지는 않겠지만 좋고 나쁨, 선함과 악함, 이익과 손해, 부처와 중생, 나아가 어떠한 법상(法相)에도 집착하지 않고 사물에서 훤칠히 벗어나 있으면서 인연 따라 평등하게 삶을 살아가야 한다.

그렇다면 과연 상(相)에 머물지 않는 실천이란 어떤 것일까.

하루 종일 앉거나, 서거나, 말하거나, 침묵하거나, 사물을 보거나, 보지 않거나, 듣거나, 듣지 않거나 간에 사물을 생각하여 헤아리지 말며, 오직 무념을 유지하여 결코 양변에 떨어지지 않는 것을 '상에 머물지 않음' 이라고 한다. 무념의 실천이란 분별심과 망상 속에서 헤매는 생각이 없어서 앞생각도 청정하고 뒷생각도 청정하여 일심(一心)이 한결같이 청정하게 이어지는 것을 말한다.

이렇게 되기 위해서는 직장이나 가정에서 순탄한 경계를 만나거나 거슬리는 경계를 만나거나 간에, 마음이 항상 편안하고 부동하여 만 가지 경계에도 흔들리지 않아야 한다. 누가 나를 험담하고 비방해도 거기에 반연해서 어울리지 않으며, 청정한 일심이 흐트러짐이 없어야 한다. 가정에서 겪는 남편과 아내, 자식과의 미묘한 갈등이나 직장에서 상사나 동료, 부하직원과 겪는 온갖 경계에 무심히, 그리고 또렷하게 걸림 없이 중도로 대처하는 삶 자체가 지극한 선 수행이 되는 도리가 여기에 있다.

황벽선사가 말씀한 해탈하는 법문을 되새기며 매일매일이 '머무는 바 없이 한 생각 내어 보는' 결제가 되시길 기원한다.

다만 일체처에 무심할 줄만 알면, 곧 이것이 무념이니 무념을 얻을 때에 비로소 자연히 해탈하느니라.

『전심법요』

47

삶의 실체를 있는 그대로 꿰뚫어 보아야
한다. 사물을 있는 그대로의 모습대로 보
게 되면, '마음은 아무 것도 가진 것이 없
고, 일어날 것도 없고, 태어남도 사라짐도
없다.'라고 하신 부처님의 가르침대로, 마
음과 대상이 모두 허상임을 알게 된다.

있는 그대로 보아 내려놓아라

몇 년 전 인기가수 김국환이 불러서 히트한 대중가요 '타타타'가 불교에서 유래한 '여여(如如)'라는 뜻임을 아는 사람은 별로 많지 않을 것이다. '여여'란 산스크리트어 타타타(tathata)의 의역으로 '있는 그대로의 진실한 모습'을 의미한다. 『법화경』에서는 "여실히 삼계의 상(相)을 지견 또는 관찰할 수 있어야만 한다."라고 하였고, "여실지견(如實知見)이 있는 곳에 해탈이 있다."라고도 하였다.

다시 말하면 '여실지견'이란 있는 그대로의 모습을 그대로 본다는 뜻이다. 사실, 여실지견은 팔정도의 맨 앞에 등장하는 정견(正見, 바르게 본다)에서도 볼 수 있듯이, 초발심할 때 가장 중요시해야 할 원칙인 동시에 깨달음의 결과물이라고 해도 과언이 아니다. 일반적으로 정견은 '바로 봄', '올바른 견해'를 뜻하는데, 이 정견은 유·무(有無)

의 편견을 벗어난 정중(正中)의 견해라는 사실에 유념해야 한다. 곧, 바른 견해로 편견 없이 사물을 있는 그대로 보는 것이다. 옳고 그름, 선과 악 등 양변을 초월해 분별심을 내려놓고 보라는 말이다. 여기서 바로 본다는 것은 것은 소승과 대승을 막론하고 올바른 수행의 출발점인 동시에 바른 삶의 시작임을 의미한다.

그러나 일상 속에서 여실지견한다는 것은 쉬운 일이 아니다. 수행자가 아닌 일반인들은 당연히 아름답고 훌륭하고 옳은 것을 좋아하고 그 반대는 싫어하기 마련이기 때문이다. 그것이 인지상정(人之常情)이기에 사람들은 흔히 진·선·미(眞善美)를 최고의 가치로 생각하고 그것을 끊임없이 동경하며 추구한다.

이와 마찬가지로 수행자는 깨달음이나 해탈, 열반을 추구하고 번뇌와 무명, 속박을 싫어하는 경우가 많다. 하지만 번뇌를 버리고 보리를 얻으려 하거나, 수행해서 무엇인가를 얻으려 하는 한 생각[一念]을 일으킨다면 일반인들의 취사·분별하는 마음과 다를 바가 없다. 중생과 부처, 번뇌와 보리, 어리석음과 깨달음을 둘로 보고 하나를 취사선택한다면 이는 여실지견하지 못한 것이다. 이 점은 미묘한 부분이어서 수행자가 매우 경계해야 할 사항임에 틀림없다.

이러한 '있는 그대로 보는[如實知見]' 지혜와 '비우고 내려놓기[放下着]'를 가장 중요한 수행원칙으로 강조한 현대의 스승은 태국의 아짠 차(Phra Ajahn Chah, 1918~1991)스님이다. 위빠싸나와 염불, 그리고 선(禪)을 함께 가르친 아짠 차스님은 선수행의 요체를 이렇게 드러내고 있다.

수행은 무언가를 성취하려 하거나, '원하지 않음'을 지향하는 것이 아닙니다. 오직 '있는 그대로' 알아차리는 것입니다. 깨달음을 '원함'과 번뇌를 '원하지 않음'은 둘 다 똑같이 지혜(알아차림)가 결여된 욕망입니다. 붓다의 딜레마도 바로 이 극단적 양면성에서 기인한 것입니다. 그러나 붓다는 이 욕망들이 단지 일어났다 사라지는 무상한 것들임을 있는 그대로 알아차리는 지혜(中道)로써 깨달음에 이르셨습니다.

『위빠싸나, 있는 그대로 보는 지혜』

　사람들은 모든 것이 바라는 대로 바뀌기를 원한다. 하지만 만물은 단지 본래의 성질[無常, 苦, 無我]에 따라 있는 그대로의 모습대로 존재할 따름이다. 따라서 '원함'에 집착하는 한 결코 고통에서 벗어날 수 없다. 때문에 '모든 것을 있는 그대로 보아 놓아 버리라.'라는 붓다의 가르침이야말로 항시 명심해야 할 수행의 대원칙이라는 게 아짠차스님의 가르침이다.

　물론 이와 같은 알아차림(지혜)을 끊임없이 계발해 나가는 것은 위빠싸나 수행법에 해당된다. 선 수행자들은 위빠싸나를 폄하하는 경향이 있지만, 관법(觀法)은 정(定)과 혜(慧)를 함께 닦는 선수행[定慧雙修]에 오롯이 녹아들어 있다. 달마대사의 '관심일법 총섭제행(觀心一法 總攝諸行)'이란 법문, 즉 '마음을 관찰하는 그 한 가지 법이 모든 행을 포섭한다.'라는 가르침이 대표적이다. 『열반경』에서는 "모든 중생은 불성을 갖고 있다. 그러나 그것은 벗어날 수 없는 어둠에 가려져 있다. 우리의 불성은 '깨어 있음'이다. 자신도 깨어 있고 남도 깨어 있게 하는 것이다. 깨어 있음을 실현하는 것이 해탈이다."라고 했다. 모든 수행은 깨어 있음(알아차림)에 뿌리를 두고 있음을 알 수 있다.

이 뿌리로부터 모든 덕의 열매와 열반의 열매가 자라기 때문이다.

부처님께서는 마음이 일으키는 것은 무엇이든 무상(無常)하며, 조건 지어지고 실체가 없는[無我] 것임을 보셨다. 그리하여 모든 것을 놓아버림으로써 고(苦)를 멸하는 법을 알아내셨다. 우리도 이와 같은 삶의 실체를 있는 그대로 꿰뚫어 보아야 한다. 사물을 있는 그대로의 모습대로 보게 되면, "마음은 아무 것도 가진 것이 없고, 일어날 것도 없고, 태어남도 사라짐도 없다."라고 하신 부처님의 가르침대로, 마음과 대상이 모두 허상임을 알게 된다.

보고 듣고 냄새 맡고 맛보고 접촉하고 생각하는 것 등, 살면서 부딪치는 온갖 경계에서 그 본성인 무상, 고, 무아를 꿰뚫어 보아 실체를 있는 그대로 받아들일 때, 내면의 평화와 자유를 발견하게 된다. 행복이든 불행이든, 기쁨이든 슬픔이든, 선이든 악이든 사물을 있는 그대로 보게 되면 집착이 끊어져 진실로 놓아버릴[放下着] 수 있다.

하지만 우리는 대상에 대한 집착 때문에 내려놓지 못하는 경우가 많다. 모든 현상들이 항상 변하는 불확실한 것임을 알면서도 몸으로 체득하지 못하기에, 사람들은 스스로 얽어맨 집착으로 고통을 받는다. 반면 누구든 자기를 잊고 일체를 놓아버려서[我空] 법마저도 놓아버리고[法空], 놓아버린다는 생각마저 잊는다면[俱空] 참된 자유를 누릴 수 있는 것이다.

『금강경』'여리실견분(如理實見分)'에 나오는 유명한 4구게는 이러한 여실지견과 방하착의 도리를 담고 있다.

무릇 상(相)이 있는 것들은 모두 허망한 것이나니, 모든 상이 상(대상)이 아님을 본다면(안다면) 곧 여래를 봄이니라[凡所有相 皆是虛妄 若見諸相非相 卽見如來].

일체의 상은 모두 화합으로 생긴 것이고[和合相]이고, 다른 것에 의지하여 생긴 까닭에[依他起性] 단지 그림자와 같고, 환상과 같으며, 꿈과 같아 실다운 것이 아니다. 그래서 그 상을 취할 수도, 얻을 수도 없다. 이렇게 일체의 상이 허망한 것이어서 얻을 수 없다는 이치가 곧 무상(無相)의 도리이다. 여기서 주의할 사항은 일체상이 본래 그대로 무상인지라, 일체상에서 바로 무상임을 알면 곧 여래를 보는 것이라는 점이다. 즉, 일체상을 떠나 다른 곳에 여래가 있는 것이 아니다. 일체상에서 여리하고 여실하게 보면 곧 여래를 봄이다. 여래란 무상이니, 어디에서나 무상임을 알면(보면) 그 자리가 곧 여래인 것이다.

집착 없이 보면 구하는 마음이 사라진다

여래란 본래 무상(無相)인지라 생각의 대상이 될 수 없으며, 주관과 객관이 따로 없는 일심인지라 대상으로 삼을 수도 없다. 단지 여리하고 여실하게 알 뿐, 무상에도 머무름이 없다. 무상에 향하고 무상을 얻으려 한다면 이 무상이 무상이라는 상(相)이 되어버린다. 그래서 마음 둘 곳이 없고 갈 곳이 없으며[心行處滅], 말의 길이 끊어졌다[言語道斷]고 하는 것이다.

이처럼 있는 그대로 보라는 '여(如)'의 논리는 결국, 공(空)과 같은 뜻에 놓이게 된다. 차례 차례대로 관찰해 나아가 보니 모두가 공이 아닌 것이 없다. '여'의 진실은 곧 공의 진실이라는 것이다. 따라서 공이면서 불공(不空), 불공이면서 공이다 하는 것은 여여의 뜻과 다름이 없기 때문에 중도(中道)라고도 한다.

『종경록』에 '유여여급여여지독존(唯如如及如如智獨存)'이라는 말이 나온다. '여'든 '공'이든 '적(寂)'이든 그것을 '아는 놈'이 있지 않으면 안 되는데, 그 아는 놈이 지(智)라는 것이다. 이 '지'가 있어야 여여가 인정되는데, 이것을 '여여지(如如智)'라고 한다. 하지만 이 여여지는 여여 밖에 따로 있는 것이 아니다. '여'가 곧 '여지'이고 '여지'가 곧 '여'인 것이다.

이러한 여실지견은 모든 수행의 기본임에도 불구하고, 그 실천은 그리 간단하지 않다. 우리는 조금이라도 즐거운 것, 아름다운 것, 기쁜 것, 옳다고 여겨지는 것, 거룩한 것 등을 좋아하고 그 반대는 싫어하는 오래된 습관에 젖어 있기 때문이다. 이러한 취사선택은 어디에도 적용이 되어서 온갖 시비·분별로부터 자유로울 수가 없다. 옳고 그름, 선과 악을 있는 그대로 보지 못하고 가치판단을 해서 하나는 버리고 하나는 취하다 보니, 늘 싫어하는 것을 버리고 좋아하는 것을 추구한다.

이러니 늘 현실에 만족하지 못해 무엇인가를 원하고 바라는 마음이 쉴 수가 없다. '원하는 바도, 구하는 바도 없이[無願無求]' 사물을 있는 그대로, 시비분별과 집착을 내려놓고 볼 수 있을 때라야만 여실지견이 가능해지는 것이다. 이렇게 있는 그대로 보는 지혜가 깊어지면, 어떠한 상황 속에서도 평상심이 유지될 수 있음은 물론이다.

알다시피 마조스님은 '평상심이 도[平常心是道]' 임을 주창했다. 평상심이란 조작이 없고 시비도 없고, 취사(取捨)도 없고, 단상(斷常)도 없으며 범성(凡聖) 등의 차별심, 분별심이 없는 마음이다. 『유마경』에서는 "범부행도 아니요 현성행(賢聖行)도 아닌 바로 그것이 보살행이다."라고 했다. 분별심과 집착을 버리고 사물을 있는 그대로 보면서 보살행을 해 나가는 것, 그것이 수행의 길이다.

말은 쉽지만, 하루 종일 이러한 '여실지견' 을 할 수 있을까? 수행자의 마음자세와 의지에 따라서는 얼마든지 순일하게 이어질 수 있다는 것이 조사스님들의 경험담이다. 지금 당장 보고 듣고 감각하고 이해하는 가운데, 있는 그대로 보는 지혜를 굴려보자.

무념, 무심에 이르러 자유자재한 걸림 없
는 해탈의 삶을 살기 위해서는 이 몸과 마
음의 안과 밖, 중간에서 일어나는 온갖 현
상들을 초연히 바라보고, 끊임없이 일어나
는 번뇌와 망상을 순간순간 내려놓을 수
있어야 한다.

선(禪)의 요체는 비움과 쉼

부처님 당시 흑치범지가 신통력으로 오동나무 꽃을 양손에 들고 와서
기쁜 마음으로 부처님께 공양하려 하였다.

부처님께서 그를 향해 이르기를, "범지야, 그것을 놓아버려라." 하니 범
지가 즉시 두 손에 든 꽃을 차례로 놓아버렸다.

그런데 다시 부처님은 범지를 불러 "놓아버려라." 하셨다.

범지가 여쭈었다.

"세존이시여 저의 몸에는 아무 것도 가진 것이 없거늘 무엇을 놓으라
하시나이까?"

하니 부처님께서,

"내가 너에게 놓으라 한 것은 꽃을 놓으라 한 것이 아니라 밖으로 6진
(塵)과 안으로 6근(根), 중간의 6식(識)을 한꺼번에 놓아버리라 한 것이
다. 놓아버릴 곳이 없으면 이곳이 네가 생사를 면한 곳이다." 하였다.

범지가 그 말 아래 곧 무생법인을 깨달았다.

『선문염송』

그 유명한 '방하착(放下着)' 공안이다. 『통명집(通明集)』에서 유래한 이 공안은 『선문염송』에 편집된 이후에도 스토리를 바꾸어 가면서 여러 조사 어록에 등장하곤 한다. 이 공안에서 부처님께서는 공부인의 가장 큰 장애인 분별과 시비는 6근, 6경, 6식이 기본이 되어 나타나므로 모조리 다 놓아버리라고 강조한다.

여기서 6근(六根)이란 여섯 가지 대상경계를 받아들이는 여섯 가지의 감각기관을 말하는 것으로, 안(眼) 이(耳) 비(鼻) 설(舌) 신(身) 의(意)의 여섯 근(根)이다. 6경(六境)은 여섯 가지 감각기관으로 파악되는 여섯 가지의 대상경계를 말하는 것으로, 색(色) 성(聲) 향(香) 미(味) 촉(觸) 법(法)의 여섯 경계이다. 6식(六識)은 육근이 육경과 접촉하여 일어난 인식작용의 주체를 말하는 것으로, 안식(眼識) 이식(耳識) 비식(鼻識) 설식(舌識) 신식(身識) 의식(意識)의 여섯을 가리킨다. 생사를 면한 곳, 즉 무념처(無念處)는 6근, 6경, 6식에서 벗어나 있으면서도 6근, 6식, 6경을 주재하는 본래면목이라 할 수 있다.

사실, 참선 공부의 처음과 끝은 '방하착'이라고 해도 과언이 아니다. 무수한 경전과 어록에서 고인들은 '내려놓아라, 내려놓아라' 고 거듭 거듭 강조하고 있는 것이다.

한 고인은 이에 대해 이렇게 노래한 적이 있다.

놓아버려라 놓아버려라.
몸도 마음도 생각도 다 놓아버려라.
천강에 물 있으면 천강에 달이 뜨고
만리에 구름 없으면 만리가 하늘이다.

헛되이 밖으로 찾고 구하려는 마음을 일체 내려놓고, 닦을 것도 얻을 것도 없다는 한 생각도 내려놓으며, 수행이니 깨달음이니 불교니 선이니 하는 말도 잊고, 닦음이 없이 닦고 머무름이 없이 머무는 것이 방하착을 시현하는 공부라고 할 수 있다. 일체 인연을 따르되 흔들리지 않으며, 내려놓아라는 그 말도 내려놓되, 내려놓았다는 한 생각도 없고, 없다는 그것마저 없을 때 자유롭고도 여유로운 삶이 늘 함께 하게 된다.

내려놓고 내려놓는 이 공부를 지어가다가 놓아버릴 곳이 없는 곳에 이르면, 이곳이 바로 생사를 면한 곳이자 무념처이다. 모든 생각이 끊어진 이 자리를 고인은 이렇게 노래했다.

인간인가 천상인가
가고 오는 마음속에 생사가 나타난다.
한 생각 끊어져서 무념처에 이르면
눈, 귀, 코, 혀, 몸, 뜻에서 무량광(無量光)을 놓으리라.

무념, 무심에 이르러 자유자재한 걸림 없는 해탈의 삶을 살기 위해서는 이 몸과 마음의 안과 밖, 중간에서 일어나는 온갖 현상들을 초연히 바라보고, 끊임없이 일어나는 번뇌와 망상을 순간순간 내려놓을 수 있어야 한다. 일어나는 한 생각은 시간과 공간을 가리지 않기에 수행자는 절 안이든, 직장이든, 가정이든, 자나 깨나 일할 때나 수행할 때나 일어나는 망상과 집착을 내려놓을 수 있어야 한다. 싫은 생각이든 좋은 생각이든, 좋은 경계이든 나쁜 경계이든, 온갖 시비와 분별을 모두 잊고, 잊는다는 생각도 잊고 초연히 깨어있는 삶을 살아가야 한다. 매순간 이러한 깨어있는 방하착이 이뤄진다면 따로 참선할 필요가 없는 것이다.

쉬고 쉬고 쉬면서 내려놓아라

이 '방하착' 공안은 『조주록』에도 여러 번 등장하는데, 조주선사는 '내려놓는다'는 생각조차 내려놓고 방하착하라며 제자 엄양존자(嚴陽尊者)를 이렇게 일깨운다.

엄양존자가 조주선사에게 물었다.
"저는 아무 것도 가진 게 없고 마음도 빈털털이인 상태인데, 이제 어찌 하면 좋을까요[一物不將來時如何]?"
조주선사가 답했다.
"미련 없이 버리고 가거라[放下着]."
"저는 아무 것도 가진 게 없다고 말씀드리지 않았습니까? 도대체 무엇을 버리라는 것입니까?"
"그렇다면 짊어지고 가거라."

모든 것을 놓아버리라는 일체방하(一切放下)의 대상에는 '아무 것도 없다'는 것에 집착하는 마음마저 예외가 될 수 없다. 추하고 밉고 싫은 것은 물론이요, 아름답고 사랑스럽고 좋은 것도 예외가 될 수 없다. 일체의 망상과 시비, 분별심을 일으키는 한 생각은 모조리 방하착의 대상이다.

그렇다면 깨달아 부처가 되어야겠다는 마음마저 놓아야 할 텐데, 어찌하란 말인가? 당연히 이런 질문조차 내려놓아야 한다. 그래서 고인들은 끝없이 '쉬고 쉬고 쉬면서 내려놓아라[休休休放下]'고 고구정녕하게 당부한 것이다. 왜냐하면 참선의 선결조건은 일체의 망상과 분별심을 놓는 '쉼[休]' 에 있기 때문이다.

그만큼 평범하고도 중요한 사실이 간과되다 보니 참선이 어렵게만 느껴지는 것이 오늘날 수행계의 현실이기도 하다. 지금도 전국의 시민선방과 수행처에서는 생사의 고해에서 해탈하여 대자유를 얻기 위해 용맹정진하는 수행자들이 적지 않다. 이들은 자유와 해탈을 얻기 위해 흔히 3천배와 철야정진 등 고행을 마다하지 않는다. 힘든 수행을 한다는 생각 없이 무념에 드는 방편이 된다면 다행이겠지만, 이렇게 힘든 고행이 오히려 하나의 짐이 되어 있는 경우가 많다. 한 시도 좌선하지 않으면 불안하고, 경전과 어록을 보지 않으면 큰일이라도 날 것만 같은 증상, 즉 '수행병' 이다. 이는 자칫 서울 가는 길을 모르고 부산으로 무작정 걷는 행위가 될 위험성도 있다.

여유로울 때 자유로워진다

참선의 기본원리를 알고 바른 안목을 갖추고 수행하는 것이 우선시되어야 하는데, 한국 불교의 현실은 정반대인 것 같다. 우선 '앉고 보자' 는 '좌선 지상주의' 는 육조스님이 일으켜 세웠던 '앉은뱅이 선' 을 다시 주저앉히는 꼴이 될 수도 있다. 선에 대한 밝은 지혜와 안목을 갖추고 좌선을 병행하는 것이 빠르게 선의 종지를 체달하는 지름길인 것이다.

"여유로울 때 자유로워진다."라는 말이 있듯이, 여유로운 마음에 대자유인이 되는 선(禪)의 도리가 담겨져 있다. 원래 선은 '망상과 분별심을 쉬는(休) 것'으로부터 시작된다는 가르침이 이것이다.

중국 선종의 초조인 달마조사와 육조 혜능스님의 가르침 중에 "모든 인연을 한꺼번에 쉬어버리고 한 생각도 일으키지 않는다[屛息諸緣 一念不生]." 하신 가르침이 이것이다. 제3조인 승찬스님은 『신심명』 첫 구절에서 "도를 얻는 것은 어렵지 않으니, 시비분별을 싫어할 뿐이다 [至道無難 唯嫌揀擇]."라고 강조했다. 근대 중국의 고승인 허운 (1840~1959)대사는 '쉼이 곧 깨달음(歇卽菩提)'이라고까지 단언하기도 했으니, 쉼이 곧 깨달음의 처음과 끝이라 해도 과언이 아닌 것이다.

'바로 지금 여기'에서 모든 번뇌·망상을 내려놓고 잠시 고요히 마음을 쉬어보자. 한 생각, 한 생각 쉬어가는 것이 그대로 '일상의 선[日常禪]'이다. 도를 닦는 사람은 엄청난 노력을 들여 찾고 구하면 구할수록 더욱 어긋나고 만다는 사실을 기억해야 한다.

당나라 때의 황벽선사는 이점을 이렇게 강조했다.

도를 배우는 사람이 부처가 되려고 한다면 불법을 모조리 배울 것이 아니라 오직 구함이 없고 집착이 없음을 배워야 한다.

『전심법요』

휴(休)테크, 느리게 산다는 것의 의미

몸과 마음을 비우고 쉬는 일이 왜 중요한 것인지를 알려주는 유명한 일화가 있다. 6·25 한국전쟁이 끝나고 나서 얼마 되지 않았을 때였다. 현대의 고승인 경봉스님(1892~1982)이 나무토막에 붓으로 글씨를 써서 시자에게 내밀며 말했다.

"너 이것을 변소에 갖다 걸어라."

경봉스님이 내민 팻말에는 각각 '휴급소(休急所)'와 '해우소(解憂所)'라는 글자가 쓰여 있었다. 스님은 휴급소는 소변 보는 곳에, 해우소는 큰일 보는 데 내걸라고 했다. 근심 걱정 버리고 가라는 이 해우소라는 말을 절집에 등장시킨 사람이 바로 경봉스님이었던 것이다.

> 이 세상에서 가장 급한 것이 무엇이냐. 자기 자신이 누구인지를 찾는 일이야. 내가 소변 보는 곳을 휴급소라고 한 것은 쓸데없이 바쁜 마음 그곳에서 쉬어가라는 뜻이야. 그럼, 해우소는 뭐냐. 뱃속에 쓸데없는 것이 들어 있으면 속이 답답해. 근심 걱정이 생겨. 그것을 그곳에서 다 버리라는 거야. 휴급소에 가서 다급한 마음 쉬어가고 해우소에서 근심 걱정 버리고 가면 그것이 바로 도 닦는 거지.
>
> 『경봉스님 법어집』

이 일화는 일반인이 쉽게 이해하고 실천할 수 있도록 한 경봉스님의 방편설법을 잘 보여준다. 스님은 세상사에 고민하는 신도들에게는 "늘 근심 걱정만 하고 살 바에 무엇 하러 어머님으로부터 나왔느냐.

좀 근심스럽고 걱정되는 일이 있어도 털어버려라."라고 권유했다. 그는 "일상생활이 그대로 불법(佛法)이고 도다. 밥하고 옷 만들고 농사짓고 장사하는 데 도가 있다. 하루 한 시간은 자기 '주인공'을 찾는 데 전력을 다해야 한다."라고 강조했던 것이다.

　이처럼 선사들은 선 공부를 제대로 하면 휴식과 일이 둘이 아니게 자연스러운 삶을 살 수 있다고 말한다. 우리가 마음을 쉬는 것은 결국 무심(無心)을 체득하여 평상심을 생활 속에 실현하기 위한 것이다. 분주한 일상 속에서도 편안한 마음으로 생활하고 일할 수 있는 여유와 한가함을 선사들은 다양한 말과 행동을 통해 일깨우고 있는 것이다. 직장이나 가정, 산사는 물론 행주좌와 어묵동정 시에 '보고 듣고 생각하고 아는 그 놈[自性]'을 확인해 가는 참선의 여정은 참된 휴테크의 원조라고 해도 지나친 견강부회는 아닐 것이다.

우리가 갖고자 하는 것, 되고자 하는 그 무
엇은 밖에 있는 것이 아니라 바로 우리 마
음에 이미 갖추어져 있다. 이것을 깨달았
다면 밖으로 눈을 돌린들 무슨 허물이 있
겠는가.

빛을 돌이켜 비추어 보라

증자는 "나는 매일 내 몸을 세 번 살핀대[吾日三省吾身], 다른 사람을 위해 일을 도모하는 데 충실하지 않았는지[爲人謀而不忠乎], 벗과 함께 사귀는 데 신의를 잃지 않았는지[與朋友交而不信乎], 스승에게 배운 것을 익히지 못하지는 않았는지[傳不習乎]."라고 하였다.

하루에 세 번 자기가 한 행위나 생각을 반성하는 것을 이르는 '삼성오신(三省吾身)' 이란 말은 『논어(論語)』 「학이편(學而篇)」에 나오는 유명한 구절이다. 날마다 세 번 내 몸을 살핀다는 뜻의 '일일삼성(一日三省)', 자신의 잘못을 책망하고 수양에 힘쓴다는 뜻의 '자원자애(自怨自艾)' 와 같은 의미를 가진 말이다. 이는 더불어 사는 사회를 위해 부단히 반성하고 노력하라는 유교의 심성 수양의 기본 덕목이기도 하다. '안으로 성인을 이루고 밖으로 왕도정치를 실현한다.' 라는 내성

외왕(內聖外王)을 추구하는 유교에서는 자기를 돌아보는 수양을 수신(修身)의 주요 방법으로 제시하고 있는 것이다.

이러한 '삼성오신'이 마음을 닦아 본래의 성품(性品)을 깨닫는 불교에서는 어떻게 적용되고 있을까. 말할 나위 없이 선(禪)에서도 '자기반성'은 수행의 처음이자 끝이라고 해도 과언이 아니다. 산사, 특히 선원의 현관에 들어서면 '조고각하(照顧脚下)'라거나 '간각하(看脚下, 발 밑을 살펴라)'라고 쓰인 팻말을 종종 볼 수 있다. 여기서 '조고'는 '주의한다', '살펴본다'는 뜻이며, '각하'는 '발밑'이란 뜻이다. 따라서 '조고각하'는 '발밑을 조심하라.', '발밑을 주의해 소홀히 행동치 말라.', '신발을 어지러이 벗어 놓지 말라.'는 다양한 뜻을 내포하고 있다. 하지만 정작 '조고각하'는 유교의 '삼성오신'과 마찬가지로 자기반성의 의미를 깊이 함축하고 있다. 즉, 수행자는 밖을 향해 무엇인가를 구하지 말고 내적인 자기 본성을 살펴보라는 뜻으로, 밖을 향해 찾는 허망함을 경계하고 있다.

하지만 이 단순한 말을 늘 잊지 않고 실천하는 사람이 과연 몇이나 될까. 세간에는 자기 발밑을 보는 사람은 거의 드물고, 남의 발밑을 잘 보고 남의 잘못을 비판하는 사람은 수도 없이 많다. 정치인이나 언론인은 말할 것도 없고 직장인들조차 상사나, 동료를 비난하기에 여념이 없다. 상대와 나를 공평히 바라보고 건전한 비판을 하는 것이 아니라, 늘 자기의 장점을 내세우고 상대의 단점을 물고 늘어지며 허물을 들추기에 바쁘다. 그러기에 등잔 밑이 어둡다고 했던가. 남을 향한 눈을 자기에게 돌려 항상 발밑을 소홀히 하지 않도록 주의해야 하는 이유다. 결국 조고각하는 바로 '너 자신을 알라.'라는 소크라테스의 명제와 다를 바 없다. 자기를 과대포장하지 않음은 물론, 반대로 소홀히 하거나 무시하지 않는 그것이 바로 현실생활의 모든 재난을 예방하는 일이자, 수행의 기본자세가 아닐 수 없다.

한 수좌가 각명(覺明)선사에게 물었다.
"달마가 서쪽에서 온 뜻은 무엇입니까[如何是祖師西來意]?"
각명선사가 대답했다.
"네 발밑을 보라[照顧脚下]."

각명선사는 선의 근본 뜻을 묻는 학인의 질문에 '발밑을 잘 보아라. 지금 네가 서 있는 곳이 어디인지?' 라고 가르침을 주고 있다. 이 말의 뜻은 '바로 지금 네가 진리 자체 속에 있지 않은가.' 라는 의미를 내포하고 있다. 도(道)는 멀리 밖에서 찾을 것이 아니라 '바로 지금 여기' 그대가 보고 아는 작용 속에 숨어 있다는 암시이다. 이와 관련, 원오선사는 "알지어다. 발밑에서 대광명이 나온다는 것을."(벽암록)이라 하여 자기 내면에서 언제나 마음의 광명이 나타나고 있음을 말하고 있다.

일본 선종에서는 선승이 행각(行脚, 수행을 위해 여행하는 것)할 때 대나무로 만든 삿갓을 쓰는 경우가 많다. 이는 밖의 대상에 이끌리지 않고 항상 자기를 지켜볼 수 있게끔 한 것이다. 즉, 조고각하를 위한 세심한 방편인 셈이다. 그렇다면 왜 수행자가 밖을 쳐다보지 못하게 한 것일까. 중생들은 늘 바깥의 경계에 미혹되어 끄달리며 집착함으로써 고통에 빠지기 때문이다. 우선 바깥 경계에 휩쓸리지 않도록 안으로 마음을 챙기도록 이끄는 궁여지책(窮餘之策)인 셈이다.

실상, 우리가 갖고자 하는 것, 되고자 하는 그 무엇은 밖에 있는 것이 아니라 바로 우리 마음에 이미 갖추어져 있다. 이것을 깨달았다면 밖으로 눈을 돌린들 무슨 허물이 있겠는가. 다만 본래부터 갖추어진 자기 안의 보물을 보지 못하고 밖으로만 찾고 구하는 것이 병일 뿐이다.

옛날 중국의 어떤 비구니 스님이 쓴 깨달음의 노래에 이런 글이 있다.

> 진종일 봄을 찾아 헤맸건만 봄은 못 보고
> 산으로 들로 짚신이 다 닳도록 헤맸네.
> 돌아오는 길에 웃으며 매화 향기 맡으니
> 봄은 여기 매화가지 위에 활짝 피었네.

여기서 '봄'은 사람들이 추구하는 자유와 행복은 물론이요, 수행자가 추구하는 깨달음과 해탈이 모두 해당될 수 있다. 우리가 그토록 찾아 헤매는 자유와 행복, 깨달음은 저 멀리 다른 곳에 있는 것이 아니라, 늘 바로 눈앞에 있음을 암시하는 노래이다. 밖으로 추구하는 원하고 구하는 헐떡임을 그치는 순간, 찾고 구하는 것은 이미 우리 안에 원만하게 구족(具足)되어 있다는 것이다. 그 누구도 우리의 자유와 행복, 깨달음을 빼앗아간 사람은 없다. 본래부터 자유와 행복, 깨달음을 갖추고 있으면서도 탐욕과 성냄, 어리석음의 전도된 망상에 빠져 늘 새로운 것, 더 좋고 아름다운 것을 추구하는 갈애(渴愛)를 그치지 못하다 보니 항상 부족함을 느끼고 고통 속에 허덕이는 것이다.

『서장』에 "깨달음을 구하는 마음이 앞선다면 그것은 어려움을 자초한 것이다. 만약 마음으로 깨달음을 기다리거나, 마음으로 휴식을 기다리고자 한다면 지금부터 참선해서 미륵(부처님)이 하생(下生)함에 이르러도 깨달음을 얻지 못할 것이며, 또한 휴식도 얻지 못하고, 도리어 미혹한 고민만 더해 갈 뿐이다."라는 내용이 있다. 즉, 그것이 무엇이든 마음이 특정 대상을 향해 달려가면 이미 그 자체가 탐욕이다. 도(道)라는 가상의 세계를 만들어놓고 깨달음이나 열반을 구하는 것이나 세속사람이 재물을 탐하는 것이나 탐하기는 마찬가지란 말이다. 『서장』에서 가장 경계하는 이러한 가르침은 '도를 닦되 도를 갈구해서는 안 된다.' 라는 지혜를 담고 있다. 이미 원만하게 갖추고 있는 깨달음의 성품에 대한 절대 확신, 본래성불(本來成佛, 본래부터 성불해 있다)에 대한 대신심을 갖고 지금 즉시, 모든 추구하고 원하는 갈망을 쉬고 마음을 돌아보는 것이 수행이다. 그래서 마음을 닦되, 깨달음에 대한 집착이나 고정관념 없이 닦으라 한 것이다.

지금 이 순간 말하고 듣는 '이 놈'을 돌아보라

선에서는 마음의 비춰보는 성질을 거울에 비유해 명경(明鏡)이나 고경(古鏡)으로 표현하기도 한다. 특히 '빛을 돌이켜 거꾸로 비추라.'라는 뜻의 '회광반조(回光返照)'라는 말은 가장 널리 쓰이는 전문용어이기도 하다. 언어나 문자에 의존하지 않고 자기 마음속의 각성(覺性)을 직시하는 것을 의미하는 회광반조는 지금까지 수동적으로 비추던 마음이 스스로 비출 수 있는 힘을 되찾아서 비춘 것을 되비치는 작용을 의미한다. 즉, 형상 없는 '마음 거울'은 붉은 것이 오면 붉은 것을 비추고, 푸른 것이 오면 푸른 것을 그대로 비춤으로써, 본래의 심성이 반조(返照)되어 드러난다는 것이다. 이러한 '회광반조'의 강조는 임제선사에 이르러 보다 철저해진다.

너는 말이 떨어지면 곧 스스로 회광반조할 것이며, 다시 다른 데서 구하지 말 것이니, 이러한 신심(身心)은 불조와 한 치도 다르지 않음을 알아야 한다[爾言下便自回光返照, 更不別求, 知身心與祖佛不別].

『임제록(臨濟錄)』

이 뜻이 확연하게 드러난 게송이 『금강경오가해』에 나오는 부대사의 게송이다.

우리가 밤에 잠잘 때 항상 같이 자고, 아침에 일어날 때 항상 같이 일어난다. 앉을 때 같이 앉고, 걸을 때 같이 걸어가고, 말할 때 같이 말하고, 묵묵할 때 같이 묵묵한다. 항상 따라다니는 것이 우리 몸의 그림자와 같다. 만약 부처 간 곳을 알고자 한다면, 지금 이 순간 말하고 듣는 이 놈이다.

'지금 이 순간 말하고 듣는 이 놈'을 깨닫기 위해서는 매순간 마음을 비추어 볼 수밖에 없다. 부처님 초기 교설에서 '항상 깨어 있으라.'라는 말씀이 자주 등장하는 것도 이 때문이다. 위빠싸나 수행에서는 신·수·심·법(身受心法), 즉 몸동작을 관하고, 느낌을 관하고, 일체 대상을 두고 일어나는 법처를 관하고, 우리 마음 심행처를 관할 것을 설하고 있다. 초기 수행법에서 가장 중요한 수행법이 바로 이러한 '사념처관(四念處觀)'인데, 여기에서도 깨어있는 마음챙김을 매우 중요시한다. 결국 방법은 달라도 사념처를 관하거나, 화두를 놓치지 않고 챙기는 수행자는 모두 자신을 잘 관찰하고 있는 셈이다.

우리 마음은 '찰나생 찰나멸(찰나에 生하고 찰나에 滅한다)'하기에 매 순간 다스려 챙기지 않으면 번뇌·망상에 끌려가기 십상이다. 견성한 도인이라 하더라도 수행이 끝나는 것이 아니라, 늘 마음을 챙기며 보임(保任, 돈오 이후의 불행수행)해야 하는 까닭이 여기에 있다. 따라서 '매 순간 깨어있는 삶'이야말로 참된 선(禪)임을 알아야 한다. 수행자는 항상 회광반조하면서 조용동시(照用同時, 본성을 비춤과 본성의 작용을 동시에 한다)의 삶을 살아야 한다. 참선과 일, 휴식이 별개가 되어서는 안 된다. 늘 깨어있는 마음으로 한 생각 일어날 때 곧바로 회광반조하는 습관을 들인다면, 언제 어디서나 주인이 되어 진실을 실현하는 당당한 대장부가 될 수 있을 것이다.

선사들은 눈과 귀에 들어오는 그 모든 현
상에서 누설된 천기를 만날 수 있다고 했
다. 누설된 것들을 향해 눈과 귀가 걸림 없
이 열려 있기만 하다면 그것들은 뚜렷하
게 제 모습을 보여줄 것이고, 반대로 닫혀
있다면 풀리지 않는 비밀이 되어 드러나
지 않을 것이다.

사물을 보는 즉시 마음 밝히는 도리

물이 맑고 잔잔하면 환히 열리어
모든 것이 그 안에 비쳐나듯이
마음속에 아무 일도 두지 않으면
온갖 경계 그 모두가 성품의 바다

마음 위에 또 마음을 세우잖으면
영겁토록 한결같아 변함이 없네
만일 그대 능히 이렇게 알면
이 지혜는 시공 밖의 본래 그 모습.

한산대사의 「명경지수(明鏡止水)」라는 선시다. 마음이 맑고 고요해
져 잔잔한 호수나 밝은 거울처럼 되면, 온갖 보이는 그대로가 성품(性

品)의 세계임을 설파한 깨달음의 노래이다. 예로부터 텅빈 마음은 무엇이든지 다가오는 대로 비춘다는 의미에서 무심(無心), 고경(古鏡, 옛 거울), 여의주(如意珠) 등으로 불렸다. 자연 속에서 텅 빈 마음거울이 되면 보이는 그대로가 마음임을 깨닫게 된다는 것이다.

깊어가는 가을, 단풍이 절정기로 치닫는 계절, 간편한 복장에 홀가분한 마음으로 산에 올라 보자. 마음이 비워질 대로 비워져 투명한 거울이 되면, 이 '모양 없는 거울'은 불타는 단풍을 그대로 비춰내면서, 보는 '이것'과 보이는 '저것' 이 둘이 아님을 알게 될 것이다.

고인들은 왜 보이는 그것이 그대로 마음이라 했을까. 마조선사는 『마조어록』에서 이렇게 밝히고 있다.

3계가 오직 마음일 뿐[三界唯心]이며, 삼라만상이 한 법에서 나온[印] 것이다. 형상[色]을 볼 때, 그것은 모두 마음을 보는 것인데, 마음은 그 자체가 마음이 아니라 형상을 의지해서 존재하기 때문이다. 그러므로 상황 따라 말하면 될 뿐, 현상이든[卽事] 이치에든[卽理] 아무 걸릴 것이 없다. 수행의 결과로 얻어지는 깨달음도 마찬가지이다. 마음에서 나온[生] 것을 형상[色]이라 하는데, 색이 공함을 알기 때문에 난 것은 동시에 난 것이 아니다.

마조선사는 '마음에서 나온 것을 형상[色]이라 하는데, 색이 공함을 알기 때문에 난 것은 동시에 난 것이 아니다.'라고 밝히고 있다. 결국 보는 것도 무심이요, 보이는 것도 무심이라는 뜻이다. 달마대사는 『무심론』에서 이 도리를 더욱 구체적으로 밝히며 무심 속으로 곧바로 들어가도록 직지(直指)하고 있다.

종일토록 보나 그것은 보는 것 없는 데서 나오므로, 보는 것 역시 무심(無心)이다. 듣는 것도 마찬가지로 종일토록 들으나 그것은 듣는 것 없는 데서 나오므로 듣는 것 역시 무심이다. 느끼는 것도 종일토록 느끼나 그것은 느낌 없는 데서 나오므로 느끼는 것 역시 무심이다. 알아보는 것도 종일토록 무엇을 알아보지만 그것은 느낌 없는 데서 나오므로 느끼는 것 역시 무심이다. 알아보는 것도 종일토록 무엇을 알아보지만 그것은 앎이 없는 데서 나오므로 아는 것 역시 무심이다. 또 종일토록 짓고 만드나 짓는 것이 지음이 없으므로, 지음 역시 무심이다. 그러므로 보고 듣고 느끼고 알고 하는 것이 모두가 무심이라고 하는 것이다.

수행자는 듣거나 보는 대상에서 본분(本分)을 알아차릴 수 있음에도 불구하고, 그렇지 못하므로 눈앞에서 마주치고도 모르고 지나치는 경우가 일반적이다. 문득 아름다운 자연을 대하며 감탄사를 연발하면서도 그것이 자신의 본래 성품(性品)인 줄 모른다. 자기도 모르게 알 수 없는 환희심과 즐거움을 느끼면서도 그 원인을 알지 못한다. 알 수 없는 끌림으로 산과 강, 바다로 여행을 다녀오지만 보고 듣는 그것이 무엇인 줄 모르는 것이다.

보는 것은 과연 무엇이며, 보이는 것은 과연 무엇일까? 이것을 화두로 품고 단풍이 불타는 산으로 떠나보는 것도 좋은 마음공부의 여정이 아닐까. 가을날, 가을비로 몸단장을 하고 마지막 불꽃을 태우는 단풍을 보면서 마음을 밝히는 구도자를 떠올려 본다.

보고 듣고 느끼고 아는 모든 것이 무심이다

선가에서는 보는 대상을 통하여 자신의 본분을 밝히는 대표적인 사례로 영운지근(靈雲志勤)선사가 복숭아꽃을 보고 깨달은 것을 자주 인용한다. 이를 '형상을 보고 마음을 밝힌다.'라는 뜻에서 '견색명심(見色明心)'이라고 한다. 무엇[色]을 보고 깨치는 인연은 육식(六識) 가운데 하나인 안식(眼識)을 통해 체험된다. 자고로 깨친 이들은 모두 눈, 귀, 코, 혀, 몸, 뜻[意]이라는 육근(六根)과 빛깔, 소리, 냄새, 맛, 촉감, 법(法)이라는 육경(六境)으로부터 말미암지 않은 경우가 없었다.

영운선사가 복숭아꽃이라는 색(色)을 보고[眼識] 활짝 깨친 다음 노래한 아래의 오도송은 육경-육식-육근의 즉각적인 작용을 통해 가장 극적인 깨침의 기연을 드러낸 사례로 손꼽힌다.

삼십 년이나 검객 찾아다니는 동안[三十年來尋劍客]
몇 번이나 잎은 지고 가지 돋아났었던가[幾回落葉又抽枝]
그러나 복사꽃을 한 번 본 뒤론[自從一見桃花後]
지금에 이르도록 다신 의혹 안하나니[直至如今更不疑].

어느 날, 복사꽃을 보고 깨달은 영운선사의 오도송을 본 그의 스승 위산선사는 "구체적인 사물[緣]을 좇아 깨달으면 길이 상실되지 않는 법이니, 잘 지켜가도록 하라."라며 인가(認可)했다고 전한다. 복사꽃을 보고 깨달은 일이 드물었기에 선가에 큰 충격을 주었던 만큼, 그 깨달음의 공식 보고서 격인 이 게송 또한 널리 회자되어, 오도송이라고 하면 으레

머리에 먼저 떠올릴 정도의 위치를 차지해 오늘에 이른 것이다.

이 게송은 영운선사의 깨달음을 분기점으로 하여 그 이전의 수행과 이후의 한 점의 의혹도 없는 무사태평한 심경을 잘 드러내고 있다. 수행하면서 무엇을 얻었다 싶으면 곧바로 의혹이 생겨나고, 다시 어떤 발판을 잡은 듯해도 이내 의심이 이어지곤 하여 마침내는 부풀 대로 부풀어진 의심덩어리가 스님을 절망으로 몰아넣었던 경험이 실감나게 묘사되어 있다. 즉, 지난날을 회고한 '몇 번이나 잎은 지고 가지 돋아났었던가' 라는 구절에는 그의 피눈물 나는 용맹정진의 흔적이 서려 있다. 결과적으로는 복사꽃에 눈길 한 번 주는 것만으로 크게 깨달았으니까 천만다행이지만, 그토록 진지한 노력을 기울여도 절망밖에 돌아오는 것이 없던 깨달음이, 어떻게 그리도 간단히 이루어졌는가 의아스럽기도 했을 법하다.

그렇다면 복사꽃을 한 번 본 체험, 즉 '일견도화(一見桃花)'에 의해서 그의 세계관이 완전히 바뀐 까닭은 무엇일까. 용맹정진 4년 만인 스물아홉의 겨울에 눈이 쌓인 뜰을 거닐던 중, 때 이른 매화꽃(梅花)을 보고 대오(大悟)한 나옹선사의 오도송은 하나의 힌트를 주고 있다.

눈과 귀는 원래 자취가 없거늘[眼耳元來自沒]
누가 그 가운데서 원만히 깨칠 것인가[箇中誰得悟圓通]
텅 비어 형상 없는 곳에서 몸을 굴리면[空非相處飜身轉]
개 짖음과 나귀 울음이 모두 도(道)를 깨침이네[犬吠驢鳴盡谷通].

이 게송에서 나옹선사는 '개 짖음과 나귀 울음이 모두 도(道)' 임을 깨닫기 위해서는 '텅 비어 형상 없는 곳' 에서 몸을 굴려야 한다고 말하고 있다. '텅 비어 형상 없는 곳'이란 앞에서도 밝힌 '마음 거울'이다. 모양도 형상도 없지만 보고 듣는 대로 비춰내는 여의주를 알게 되면 대상을 보고 듣는 그 순간 마음을 밝힌다는 것이다.

그래서 나옹선사는 "선불장 안에 앉아 정신 차리고 자세히 보라. 보고 듣는 것이 다른 물건이 아니요, 원래 그것은 옛 주인이다[見聞非他物 元是舊主人]."라며 천기를 누설하고 있다.

조선 영조 때, 연꽃을 보고 깨달은 혜장선사는 "사람의 마음이 몸 밖에 있으면, 방 밖의 등불이 실내를 비추지 못하는 것과 같다."라고 하면서 "등불이란 색(色)이 나타나니, 이와 같이 본성을 보는 것은 마음이요, 눈이 아니다."라는 가르침을 설했다. 그 역시, 나옹선사와 마찬가지로 보는 순간 마음과 대상이 둘이 아님을 깨달을 것을 일깨우고 있다.

화두를 비춘다 – 듣는 성품을 돌이켜 듣는다

　영운스님과 나옹, 혜장스님의 경우에서 보았듯이, 대상을 보는 순간 마음을 밝혀 명심견성(明心見性)할 수 있다는 사실이 명확해졌을 것이다. 하지만, 깨달음은 긴장된 마음으로 추구한다고 해서 얻어지는 것은 아니다. 도리어 깨달음을 찾고 구하는 헐떡이는 마음이 쉬어지고 마음이 텅 비워져 그런 노력이 정지되는 순간, 이루어짐을 알아야 한다. 무심(無心, 무분별)이 되어 주관과 객관의 대립이 소멸되어야[不與根塵作對]만, 소리를 듣건 꽃을 보건 그 구체적 체험에서 곧바로 진여자성(眞如自性)인 본래면목(本來面目) 자체가 되는 것이다.

　선(禪)에서는 마음의 비춰보는 성질을 거울에 비유해 명경(明鏡)이나 고경(古鏡)으로 표현한다고 앞에서 말한 바 있다. 특히 '빛을 돌이켜 거꾸로 비추라.' 라는 뜻의 '회광반조(回光返照)' 라는 말은 마음의 비추는 성질을 통해 수행의 요체를 밝힌 적절한 술어이다. 언어나 문자에 의존하지 않고 자기 내면의 각성(覺性)을 직시하는 것을 의미하는 회광반조는 지금까지 수동적으로 비추던 마음이 스스로 비출 수 있는 힘을 되찾아서 비춘 것을 되비치는 작용을 의미한다. 즉, 형상 없는 '마음 거울' 은 붉은 것이 오면 붉은 것을 비추고, 푸른 것이 오면 푸른 것을 그대로 비춤으로써, 본래의 심성이 반조(返照)되어 드러나는 것이다.

　일반적으로 화두를 본다는 것은 '한 생각 일어나기 이전' 을 보는 것이다. 그 어떤 언구를 어떤 식으로 하든 간에, 이 '누구인가?' 혹은

'무엇인가?' 하는 화두선의 요체는 참구하는 자신의 성품을 '돌이켜 비추는' 데 있다. 이른 바 '조고화두(照顧話頭, 화두를 비춘다)'와 '반 문문자성(反聞聞自性, 듣는 자기의 성품을 돌이켜 듣는다)'이란 말이 그러한 작용을 설명하는 용어이다.

허운대사는 『참선요지』에서 이에 대해 자세한 설명을 하고 있다.

> 어떤 이는 관세음보살의 반문문자성(反聞聞自性) 하는 것이 어떻게 참 선이 되느냐고 묻는다. 내가 이제 말하겠다. 조고화두(照顧話頭)라는 것 은 바로 그대로 하여금 시시각각 밝고도 또렷한 일념으로 마음빛을 돌 이켜[回光] 이 (한 생각이) 나지도 않고 없어지지도 않는 그 자리[不生 不滅]를 반조(返照)하라는 것이다. 그리고 '반문문자성'이라는 것은 바 로 그대로 하여금 시시각각 밝고도 또렷한 일념으로 듣는 자기의 성품 을 돌이켜 들으라는 것이다. 회(回)는 곧 반(反)이요, 나지도 아니하고 없어지지도 아니하는 것[不生不滅]은 곧 자성이다.

허운대사는 "이른바 '화두를 비춘다'거나 '듣는 자기의 성품을 돌이 켜 듣는다'거나 하는 것이 절대로 눈으로 보거나 귀로 듣는 것이 아님 을 알아야 한다."라고 말하고 있다. 만약에 눈으로 본다거나 귀로 듣 는다면 이는 소리와 빛을 좇아 사물에게 부림을 당하는 것이어서 '순 류(順流)'라 부른다. 반면, 밝고 또렷하게 빛나는 한 생각이 '나지도 않고 없어지지도 않는 것' 가운데서 소리와 빛을 좇지 아니하면 이를 '역류(逆流)'라 하며, 화두를 비춘다고도 하고, 돌이켜 자성을 듣는다 고도 한다. 결국 보고 듣는 순간, 보고 듣는 자성(自性)을 깨달으라는 의미다. 그런데, 이 자성은 주관과 객관이 분리되어 있을 때는 드러나

지 못한다. 오로지 주객(主客)이 하나 된 순간, 보는 것이 그대로 자성
이요, 듣는 것이 그대로 자성임을 깨닫는 것임을 유념해야 한다.

영운선사가 복사꽃을 보고 본래심을 깨달은 기연은, 부처님께서 새
벽별[曉星]을 보고 깨친 인연과도 일맥상통한다. 복사꽃이나 새벽별
을 보는 순간[見色], 마음을 본 것[見心]이다. 『종경록』은 '견색명심'
의 도리를 이렇게 설명하고 있다.

삼계는 오직 마음뿐이다. 경전(불설법구경)에 말씀하였다. '삼라만상은
한 법[一心]으로 나툰 것이다.'라고. 대개 색을 본다고 하는 것은 모두
이 마음이 보는 것이다. 마음은 스스로 마음이라고 할 수 없고, 색에
인연한 마음이며, 색은 스스로 색이라고 할 수 없고, 마음에 인연한 색
인 것이다. 그래서 경전에 말씀하시길, '견색(見色)은 곧 견심(見心)이
다.'라고 했다.

이와 관련, 『전심법요』에도 마음에 대하여 "경계를 만나면 곧 있고,
경계가 없으면 없다."라고 하며, 색(色)과 경(境)에 말을 바꾸어서 설
명하고 있다.

예로부터 선사들은 "무상(無上)의 대도(大道)를 성취하려거든 객관
의 대상인 육진(六塵, 색·성·향·미·촉·법)을 버리지 말며, 미워하
지도 말라."라고 했다. 왜냐하면, 육진 이대로가 전체로 진여(眞如)의
대용(大用)이기 때문이다. 모르는 사람이 볼 때는 허망한 육진이지만,
깨달은 사람에게는 진여 대용인 것이다. 중생이 집착하는 마음으로
보면 육진이지만, 집착을 버리고 보면 6용(用)으로서 진여 대용이 된
다. 곧 보고, 듣고, 생각하고, 의식하는 이대로가 무상 대도인 것이다.

『금강경』에서 "무릇 형상이 있는 것은 모두가 다 허망하다. 만약 모든 형상을 형상이 아닌 것으로 보면 곧 여래를 보리라[凡所有相 皆是虛妄 若見諸相非相 卽見如來]." 한 가르침이 바로 이것이다. 눈앞의 대상이 허망한 헛꽃인 줄 알아서 상(相)에 집착하지 않고 있는 그대로 여실(如實)하게 사물을 볼 수 있다면 우리는 '보는 것이 곧 여래'임을 깨닫게 될 것이다.

생명을 가진 뭇 존재들은 자신이 지은 업
(業)을 바탕으로 끊임없이 윤회(輪廻)를 통
해 과보를 받게 되고, 그 과정에서 고통을
느끼면서도 벗어나지 못한다는 것이 인도
종교 철학의 공통적인 세계관이다.

매트릭스에서 대자유인으로 사는 법

네오: 진리가 무엇이죠?

모피어스: 내가 진실을 말해 주겠네. 네오.

네오: 뭐죠?

모피어스: 자네는 노예야. 네오. 자넨 냄새를 맡지 못하고, 먹어도 맛을
모르고, 만져도 느낄 수 없는 육신이 갇힌 감옥에서 태어났지. 현실 같
은 꿈을 꾸어 보았나? 만약 그 꿈에서 깨어나지 못한다면? 그럴 경우
꿈속의 세계와 현실의 세계를 어떻게 구분하겠나?

영화 『매트릭스(The Matrix)』

어릴 때부터 보아 온 푸른 하늘과 흰 구름, 텅 빈 들녘과 숲이 우거진
산들, 강물과 다리들, 도로 위의 자동차와 강물 위의 배들. 이 모든 풍
경들이 스위치가 꺼지면 순식간에 사라지는 컴퓨터 모니터의 화면처럼

단순히 프로그래밍화된 아주 잘 짜인 가상의 세계에 불과하다면?

영화 〈매트릭스〉의 매트릭스(Matrix)는 '현실 같은 꿈', 즉 '가상의 현실'을 화두로 던지고 있다. 매트릭스는 이러한 가상세계라는 소재를 통해 인간과 세계의 존재의미에 대해 진지한 의문을 던진 셈이다. '현실은 가상의 세계이니 꿈에서 깨어나라.'라는 불교적 메시지를 강하게 전하고 있는 이 영화의 스토리를 요약하면 이렇다.

2199년. 인공두뇌를 가진 컴퓨터(AI, Artificial Intelligence)가 지배하는 세계. 인간들은 태어나자마자 그들이 만들어낸 인공자궁 안에 갇혀 AI의 생명 연장을 위한 에너지로 사용되고 AI에 의해 뇌세포에 매트릭스라는 프로그램을 입력 당한다. 내용은 1999년의 가상현실. 인간들은 매트릭스의 프로그램에 따라 평생 1999년의 가상현실을 살아간다. 프로그램 안에 있는 동안 인간의 뇌는 AI의 철저한 통제를 받는다. 인간이 보고 느끼는 것들은 항상 그들의 검색엔진에 노출되어 있고, 인간의 기억 또한 그들에 의해 입력되고 삭제된다. 가상현실 속에서 진정한 현실을 인식할 수 있는 인간은 거의 없다.

그러나 매트릭스의 밖, 가상현실의 꿈에서 깨어난 극소수의 인간들이 생존해 있는 곳. 그곳엔 AI에게 인류 역사상 가장 위험한 인간으로 알려진 모피어스와 그와 더불어 AI에 맞서 싸우는 동료들이 있다. 그들은 광케이블을 통해 매트릭스에 침투하고 매트릭스 프로그램을 응용해 자신들의 뇌 세포에 각종 데이터를 입력한다. 그들의 당면 목표는 인류를 구원할 영웅을 찾아내는 것. 그들은 AI통제 요원들의 삼엄한 검색망을 뚫고 매트릭스 안에 들어가 드디어 오랫동안 찾아 헤매던 '그'를 발견한다. 그는 유능한 컴퓨터 프로그래머, 토머스 앤더슨. 낮에는 평범한 회사원으로 살아가지만, 밤마다 '네오'라는 이름으로 컴퓨터 해킹에 나서는 그는 모피어스로부터 조심스레 매트릭스에 대한 단서를 얻는다. 어느 날, 매혹적인 여인 트리니티의 안내로 또 다른 숨겨진 세계 – 매트릭스 밖의 우주를 만나게 된 네오는 꿈에서 깨어나 AI에게 양육되고 있는 인간의 비참한 현실을 확인하고 매트릭스를 탈출한다.

거짓과 진실의 경계선이자 보이지 않는 그물과도 같은 이러한 매트릭스의 정체는 과연 우리가 경험하는 현실세계와 어떠한 유사성을 갖고 있을까?

> 모피어스: 정말 뭔지 알고 싶나? 매트릭스는 사방에 있네. 우리를 전부 둘러싸고 있지. 심지어 지금 이 방안에서도. 창문을 통해서나 TV에서도 볼 수 있지. 일하러 갈 때나 교회 갈 때, 세금을 내러 갈 때도 느낄 수가 있어. 매트릭스는 바로 진실을 볼 수 없도록 우리 눈을 가려온 세계라네.

모피어스의 말처럼, 매트릭스는 진실을 보지 못하도록 우리 눈을 가린다는 점에서 불교의 삼사라(Samsara, 윤회)와 유사하다. 생명을 가진 뭇 존재들은 자신이 지은 업(業)을 바탕으로 끊임없이 윤회(輪廻)를 통해 과보를 받게 되고, 그 과정에서 고통을 느끼면서도 벗어나지 못한다는 인도 종교 · 철학의 공통적인 세계관이다.

현실이 꿈임을 자각해야 악몽에서 깨어난다

붓다는 인간의 삶 자체가 고통이 되는 것은 마음의 깊은 곳에 갈애(渴愛)가 있기 때문이라고 분석했다. 모든 욕망의 근저에 '갈애'가 있다고 한 것은 목마른 사람이 물을 찾을 때의 강렬한 욕구와 유사하기 때문이다. '갈애'가 있기 때문에 인간은 계속해서 욕망에 기반을 둔 행동을 하게 되고, 업(業)을 생산한다. 욕망과 고통이 톱니바퀴처럼 끝없이 반복되는 윤회 속에 이끌려 다니는 한, 이 세계는 근본적으로 불완전하다. 불교에서는 이것을 사바세계(娑婆世界)라고 부르고, 영화 매트릭스에서는 우리가 현실이라고 생각하는 거대한 시스템 자체를 그렇게 본다.

그렇다면 태초의 무엇이 우리를 윤회의 수레바퀴에 가두었을까? 붓다가 깨달은 바에 의하면, 그건 다른 누구도 아닌 바로 우리 자신이었다. 우리 자신의 존재를 인식할 때, 우리는 외부로부터의 경험에 의존해서 스스로를 자각한다. 그러나 이러한 인식은 본질적으로 잘못되고 만다. 전도된 자아(自我)에 대한 집착으로 이어져 '나라는 것이 있다[我相]'고 믿는다. 이어서 나[我]와 '나의 것[我所]'이라는 허상의 세계를 만들고는 그것을 현실로 받아들여 버린다.

아상가 시대의 밀교승 사라하(Saraha)는 실체를 보지 못하고 미망에 사로잡혀 있는 존재들의 모습을 '거울을 보는 어리석은 자'에 대입시켜 명쾌하게 노래하고 있다.

어리석은 자여 거울을 볼 때

거울에 비친 자신의 얼굴을

반사체(反射體)가 아니라 실체(實體)의 제 얼굴로 착각하네

이와 같구나, 진리를 거절해 버린 마음이여

진리 아닌 것[反射體]을 진리(眞實)라고 굳게 믿고 있네.

『사라하의 노래』

사라하가 말하는 '어리석은 자'는 사실 '현실이 꿈'이라는 사실을 깨닫지 못한 우리 범부들을 말한다. 우리는 날마다 꿈을 꾸며 그것이 꿈이라는 사실을 알지만, 꿈에서 깬 현실 역시 '더 생생한 꿈'이라는 사실을 알아채기는 쉽지 않다. 아침에 눈을 뜬 후 보고 듣고 감각하고 아는 이 모든 것들이 현실이 아니라니? 희·로·애·락·애·오·욕을 느끼며 살아가는 사람들이 고통에서 벗어나 즐거움을 누리기 위해 살아가는 이고득락(離苦得樂)의 처절한 삶이 꿈이라니? 도저히 납득할 수 없는 이 사실을 심각하게 의심하는 것에서부터 수행다운 수행이 비로소 시작된다.

모피어스: 꿈을 꿔본 적 있나, 네오? 현실이라고 확신했던 꿈 말일세.
네오: 이럴 수가……
모피어스: 뭐 말인가, 현실이 되는 것?
모피어스: 만일 꿈에서 깨어날 수 없다면 어쩌겠나, 네오? 그럼, 꿈 세계와 현실 세계를 어떻게 구분하지?

모피어스가 지적했듯이, 우리는 꿈에서 깨어나듯이 진실을 명확하게 볼 수 있을 때 윤회를 벗어날 수 있다는 암시를 얻는다. 재생과 소

멸을 부단히 계속하는 이 쳇바퀴 같은 윤회의 굴레에서 벗어나는 것이 모든 수행자의 궁극 목표인 것은 두말할 나위가 없다. 그렇다면 우리는 어떻게 '매트릭스'를 탈출해 열반(nirvana)의 자유와 해탈을 누릴 수 있을까.

영화 속에서 매트릭스를 벗어나는 한 방법은 네오가 그랬듯이 빨간 알약을 '자신의 선택'에 의해서 먹는 것이다. '자유 의지'를 갖고 빨간 알약을 선택하는 것 외에 매트릭스를 벗어나는 또 다른 길은 매트릭스에 갇혀 있는 자기의 존재에 대해 스스로 의문을 가져보는 것이다. 매트릭스를 보고 듣고 감각하고 아는 '이것이 무엇인가?'란 의문을 통해 깨달음, 즉 존재의 본질을 알고 매트릭스에서 해방되는 수밖에 없다. 불교의 수행 역시 이러한 동기와 과정, 결과와 다를 바 없다.

『섭대승론』에서는 "이 식(識)에는 오로지 식만 있으니, 조금도 실물이 없기 때문이다. 그렇다면 이 가운데 무엇으로 비유를 삼아 드러낼 것인가. 예컨대 꿈과 같은 비유를 들어 드러내야 함을 알아야 한다."라고 했다. 불교에서는 '삼계가 오직 마음이고, 만법이 오직 식이다[三界唯心 萬法唯識].'라는 도리를 설명하기 위해 이러한 꿈의 비유를 자주 들고 있다. '일체유심조(一切唯心造)'라는 말도 '삼계유심 만법유식'과 같은 뜻이다. 일체가 심식(心識)에 의해서 존재하고 작용한다는 것이다. 우리들이 이렇게 보고 듣고 느끼고 생각하면서 살아가는 일체의 삶이 다 마음의 삶이라는 것이다.

『종경록』에서는 이러한 이치를 더욱 자세히 설명하고 있다.

이것은 꿈 가운데는 조금도 실물이 없고, 오직 식(識)만 있음을 말한다. 비록 꿈속에서 여러 가지 빛깔, 소리, 향기, 맛, 감촉, 집이나 숲, 땅과 산이 나타나더라도 이것은 모두 실물과 비슷한 영상일 뿐이니, 이 가운데에는 조금도 실물이 없는 것이다. 이 비유를 통하여 응당 일체의 공간과 시간 속 모두에 오직 식만 있다는 사실을 알아야 한다. 무릇 마음에서 경계가 나타나고 업을 지어 생사를 받는 것이 '세 가지 미세한 깨닫지 못함'과 '여섯 가지 거친 깨닫지 못함'이란 아홉 가지 모습을 벗어나지 못하는 것이다.

환상에서 벗어난 자체가 깨달음이다

그렇다면, 이 '오래된 꿈(현실세계)'에서 깨어날 수 있다면 과연 윤회를 벗어나 대자유를 얻을 수 있다는 것일까? 놀랍게도 선사들은 "환을 벗어난 자체가 깨달음[離幻卽覺]"이라며 현실을 꿈이라고 자각하는 순간, 곧바로 대자유를 얻는다고 확언하고 있다.

영명연수선사는 『종경록』에서 "홀연히 잠을 깨니 꿈속의 모든 일이 사라졌다는 것은 곧 일체가 오직 마음이라는 사실을 깨달아 종경(宗鏡)에 들어간 것이다. 그러므로 부처님을 곧 깨달음이라 하니, 이것은 마치 꿈에서 깨어난 것과 같고, 연꽃이 피어난 것과 같다."라고 밝혔다. 그는 심지어 꿈(환상)을 깬 것 자체가 깨달음으로, 여기에는 방편과 순서가 없다고 다음과 같이 단언하고 있다.

"환(幻)을 알면 환에서 벗어나 방편을 쓰지 않는다는 것은 환에는 결정된 모습이 없어 자성이 항상 이것을 벗어나 있으니, 벗어나 있는 그 자체가 공하다는 것이다. 곧 일체 범부와 성인의 더럽고 깨끗한 온갖 법이 모두 환과 같고 공과 같은 것인데, 어찌 여기에 다시 방편을 만들어서 벗어나려 할 것인가. 환을 벗어난 것 자체가 깨달음으로, 또한 여기에 방편 점차가 없다는 것은 환을 벗어날 때에 완전한 대각을 성취했다는 것이다. 환을 벗어난 그 자체가 깨달음으로 평등하게 한 빛으로 비추어 이미 전후가 없는데, 어찌 여기에 방편과 점차가 있겠는가."

『명추회요』

과연 일체가 꿈·환상·허깨비임을 자각하는 것으로 깨달음을 얻는 것이 가능한 것일까. 역대 선사들은 이것이 가능함을 많은 어록을 통해 보여주고 있다. 물론 여기에는 목숨을 건 간절한 구도심과 진리에 대한 치열한 의문이 전제되어 있다. 이러한 구도자에게는 '현실이 곧 꿈'임을 사무치게 깊이 자각하는 순간 깨달음이 오는 것이다.

조계종 종정을 지낸 '오대산 도인' 한암(1876~1951)스님의 오도(悟道) 기연이 한 예가 될 수 있다. 한암스님은 23세에 청암사 수도암에서 경허스님을 만나 『금강경』 한 구절에 깨달음을 얻어 인가를 받았다. 당시 경허스님이 금강경 강설을 하면서 "무릇 모양이 있는 것은 다 허망한 것이니, 모양을 모양 아닌 것으로 보게 되면 바로 진리를 볼 것이다[凡所有相 皆是虛妄 若見諸相非相 卽見如來]."라는 대목을 일러주자 홀연 안목이 확 열렸다는 것이다.

이처럼 『금강경』에서는 꿈을 깨기 위해서 현실을 어떻게 관해야 할지를 구체적으로 일러주고 있다.

일체의 있다고 하는 것은 꿈과 같고 환상과 같고 물거품과 같으며 그
림자와 같으며 이슬과 같고 또한 번개와 같으니, 응당 이와 같이 관할
지니라[一切有爲法 如夢幻泡影 如露亦如電 應作如是觀].

불자라면 누구나 이 『금강경』 게송을 들었을 것이다. 어떤 이들은
매일 독경을 하며 수행의 방편으로 삼기도 한다. 하지만 이 법문을 그
냥 지나가는 한 대목으로만 여겨서는 안 된다. 이 게송에는 『금강경』
에서는 드물게도, 꿈과 같은 현실을 자각해 진실의 문을 여는 구체적
인 관법(觀法)이 제시되어 있기 때문이다. 만약 이것을 구체적인 수행
으로 여기지 않고, 선언적인 의미로만 받아들인다면 『금강경』을 수만
독 외운들 공덕이 없다. 한 구절의 법문이라도 깊이 가슴에 새겨 하나
라도 진실되게 실천하는 것이 수행임을 명심 또 명심해야 한다.
　'세간의 모습은 곧 허깨비' 임을 자각하도록 해 윤회를 벗어나게 하
는 법문은 『화엄경』에도 자세히 설해져 있다.

세간의 여러 가지 일체 모든 법 하나같이 허깨비와 같은 것이니
만약 이와 같이 알 수 있다면 그 마음 흔들릴 것 하나 없도다.
모든 업이 마음에서 생겨났으니 그러므로 마음을 환(幻) 같다 하네.
분별하는 마음을 멀리 떠나면 중생살이 육도윤회 모두 멸한다.
비유하면 능숙한 요술쟁이가 두루두루 온갖 색상 드러내어서
부질없이 중생들의 욕심 돋우나 필경에 얻을 것이 하나 없듯이
세간의 모습도 이와 같아서 일체법 모든 것이 환과 같으니
결정된 성품 없고 무생(無生)으로써 가지가지 모습을 시현한다네.
모든 중생 제도하여 해탈시킴에 일체법이 환 같은 줄 알도록 하니
중생 또한 이 환과 다르지 않아 환인 줄을 요지하면 중생이 없네.

일체 만법이 허깨비·환상·꿈임을 철저히 요달(了達)하게 되면, 억지로 없애야 할 번뇌와 망상이 따로 없음을 알게 된다. 온갖 망상과 번뇌가 원래부터 생겨난 적이 없는 환상임을 자각하는 것이 '무생(無生)'의 도리를 요달하는 것이다. 원래부터 남이 없기에 일체의 분별을 떠날 뿐, 마음에서 힘을 들여 어떠한 상념이나 법상을 일부러 일으키는 행을 해서는 안 된다. 끊임없이 일어나는 망상과 번뇌를 억지로 사라지게 하는 유위법(有爲法)의 수행으로는 억겁을 닦아도 마음이 쉬어지지 않는다.

이 도리를 모르고 엄청난 고행으로 몸을 혹사시키려 든다면 '육신의 고통'이란 새로운 번뇌를 키우는 제자리걸음을 지을 수밖에 없다. 일체법이 환상과 같은 것은 모든 연(緣)이 화합하여 마치 있는 것과 같게 된 까닭임을 요지(了知, 깨달아서 명료하게 아는 것)하면, 자연히 번뇌와 망상은 위력을 잃게 마련이다.

거울이 대상을 비추지만 대상에 물들거나 분별함이 없듯이 마음이 본래 대상을 아는 것 또한 그러하여 본래 대상에 물들거나 취하고 버림이 없다. 심성이 그러한 까닭에 일부러 무엇을 얻고자 마음을 일으켜 닦으려 해서는 안 된다. 단지 심성이 그러함을 요지하였으면 무명(無明)이 힘을 잃게 되어, 구름이 점차 걷히면서 밝은 해가 드러나듯이 진여(眞如)가 드러나게 되어 있다. 이것을 초기 선종에서는 억지로 마음 일으켜 수행함이 아닌, '닦는 바 없는 닦음'이라는 뜻에서 '무수지수(無修之修)'라고 하였다.

단박 깨닫는 돈법(頓法)에는 심성이 본래 능(能, 주관)과 소(所, 객관)가 없어 일심(一心)임을 요지한지라 무엇이 무엇을 관조하는 행을 넘어서게 된다. 우두법융선사의 『심명』에 "(탐심과 음심의) 성품이 공한지라 스스로 떠나게 되는 것이니 (마음이) 생멸하는 대로 임운(任運)하라."라는 법문이 있다. 탐심이든 음심이든 모두 평등일여한 마음일 뿐이다. 탐심이든 음심이든 생하면 생한 대로, 멸하면 멸한 대로 분별하지 않고, 그 마음을 고치려고도 하지 않으며, 임운(任運)해 가면 스스로 사라지게 되어 있다는 것이다. 이것이 선법의 요체인 무수지수와 임운의 가르침이다.

'깨달아야지', '나는 깨달았다.' 이런 말도 용납이 안 된다. 각(覺)과 불각(不覺)이 둘로 나눠져 있다면 진정한 각이라고 할 수 없다.

본래부터 완전하여 닦는 바 없이 닦는 수행

시중에 '어깨 힘 빼는 데 3년 걸린다.'라는 말이 있다. 이것은 골프나 야구, 배구 등 스포츠나 미술, 시 등 예술 분야에도 해당하는 평범하면서도 비범한 진리이다. 예를 들면, 출판을 위한 시보다는 시작(詩作) 노트에 더 좋은 시가 많은 경우가 이에 해당한다. 시를 쓴다는 의식 아래 시를 쓰면 어깨에 힘이 들어가 좋은 시를 쓸 수 없다. 특히 골프에서는 '힘 빼는 데 3년'이라는 말이 거의 정설로 회자되곤 한다. 테니스도 어깨와 손목에 힘을 빼야 완벽한 원샷을 시도할 수 있다고 한다. 축구 역시 발에 힘을 빼야 정확한 슛이 가능하다는 것은 늘 TV를 통해 확인할 수 있는 장면이다.

마찬가지로, 수행 역시 몸과 마음을 이완시키되 느슨하지도, 경직되지도 않게 해야 한다. 너무 이완되어 졸음에 빠지거나, 정신을 바짝 차려 들떠서는 안 되기 때문이다.

마음을 지니고 고요함을 지키는 수행은 오히려 아직 병을 떠나지 못한 것이니 생사의 생각 잊는 것, 바로 이것이 본성에 일치하는 행이다. 지극한 이치는 언설로 표현할 수 없어서, 벗어남도 아니고 묶임도 아니나니, 영통하여 사물에 자유롭게 응함이 항상 눈앞에 있다.

『심명(心銘)』

그러나 수행자들은 일반적으로 마음을 고요하게 지키는 수행을 하기 마련이다. 그러나 이것 역시 본성에 일치하는 행은 아니라고 우두법융선사는 『심명』에서 주의를 주고 있다. 깨달음이란 좌선을 해야 한다거나, 할 필요가 없다거나 하는 어떠한 관념의 속박으로부터도 벗어나 있다. 오로지 '머무는 바 없는 행[無住行]'으로 나아갈 때, 깨달음은 사물에 자유롭게 응하여 항상 눈앞에 드러나게 된다는 것이다.

구도자들은 보통 수행에 진척이 없을 경우 낙담해서 아예 수행을 포기하거나, 자신의 게으름을 탓하며 다시 분발하는 두 부류로 나뉘곤 한다. 여기에는 두 가지 다 문제가 있음은 물론이다. 수행을 너무 쉽게 여겼다가 장벽에 부딪히자 아예 포기하는 것은 지중한 불법인연을 너무 쉽게 차버리는 결과를 낳는다. 반면, 재발심하는 경우에도 거문고 줄을 적당히 당기지 않고 너무 힘을 들여 연주하다가 아예 줄을 끊어 먹는 위험에 빠질 수 있다. 이른 바 '고행도 쾌락도 아닌[非苦非樂]' 중도(中道)의 행에 어긋나는 경우에 해당된다.

거문고 줄이나 화살의 비유처럼 적당히 줄을 당기듯 수행하라는 법문은 경전과 어록을 통해 잘 알려져 있다. 하지만 출가 수행자들은 석달간의 안거에 목숨을 내걸고 용맹정진하다 보니, 어깨에 힘이 들어가지 않을 수 없다. 마찬가지로 재가자들은 주말이나 저녁 시간에 참선하다 보니, 늘 시간이 부족해 속전속결로 끝장을 보려는 초조함이 있다.

그러나 이렇게 마음을 일으켜 하는 억지 수행은 큰 병을 쌓기 마련이다. 그것이 어떠한 대용맹심으로 장좌불와(長坐不臥)의 형태로 나타나든 간에, 일단 어깨에 힘이 들어가면 문제가 생길 수밖에 없다. 깨닫고 말겠다는 강박관념과 초조함은 급기야 상기병(上氣病), 관절염, 위장병, 당뇨병 등 다양한 후유증을 낳기 십상이다. 몸이 이렇게 되면 심신일여(心身一如)의 상태가 깨짐으로써 수행이 큰 난관에 봉착하고 만다. 목적지에 빨리 가려고 지름길로 과속하다 교통사고를 당한 격이라고나 할까.

닦는다는 생각도 없이 닦는 것이 '무수지수'

이러한 선병에 걸리지 않고 자연스럽게 참선 공부를 하는 방법은 초기 선종의 무수지수(無修之修)와 임운(任運)의 뜻에 잘 나타나 있다.

무수지수에서 '무수(無修)'란 생각을 일으켜 지어서 하는 행을 하지 않는 것이다. 즉, 무작의(無作意)란 뜻이다. 인위적으로 닦는다는 생각 없이 닦는 자연스러운 수행이 '무수의 수'인 것이다.

그리고 '임운'이란 본래 얻을 바 없고, 사량·분별함이 없는 자심의 성품에 따르는 행을 말한다. 동시에 임운은 무애자재한 깨달음의 경지를 말하기도 한다. '자연의 운행에 맡긴다.'라는 뜻으로, 본래심의 작용에 내맡긴 채 쓸데없는 망상을 일으키지 않는다는 의미다. 이것은 흘러 넘기기가 쉬운 말이지만, 수행의 요긴한 원칙이 아닐 수 없다.

어린이들이 천진난만하게 자기들의 장난감을 가지고 놀이에 푹 빠져 자유롭게 놀고 있는 것처럼, 무심의 경지에서 자신의 일과 하나 되어 진리의 세계에 사는 모습을 유희삼매(遊戲三昧)라 한다. 무애자재(無碍自在)한 도인의 삶을 표현한 말이기도 하다. 각자의 본성에 내맡겨 일체의 망념을 모두 놓아버리고 인연에 따라서 지금 여기, 자신의 일과 삼매의 경지에서 소요하는 임운자재한 생활을 뜻한다. 자유롭게 법계에 유희하는 생활은 불법을 깨닫고 난 후에야 비로소 원만하게 되지만, 이는 수행의 과정에서도 꼭 필요한 원칙이다.

밝고 고요하여 자연스러운 경계를 말로 나타낼 수 없다. 마음에 다른 마음이 있지 아니한지라 탐심과 음심을 끊지도 아니하는 것이며, 탐심과 음심의 성품이 공(空)인지라 스스로 떠나게 되는 것이니, 마음이 생멸하는 대로 임운(任運)하라.

『심명』

『화엄경』은 "삼계가 오직 마음이요[三界唯心], 만법이 오직 식일 뿐이다[萬法唯識]."라고 했다. 일체가 마음일 뿐이고 각(覺)일 뿐인지라, 여기에 이 마음 저 마음 차별이 없다는 뜻이다. 다양한 마음 그대로 오직 평등 일여의 마음일 뿐, 그래서 탐심이든 음심이든 모두 평등한 마음이라는 것이다. 때문에 탐심이나 음심이라고 해서 애써 없애고자 하지 말라고 한다. 만약 탐심과 음심을 끊고자 한다면 '오직 마음일 뿐'이라는 유심의 뜻에 어긋나 정견이 아니라는 것이 『심명』의 법문이다. 탐심이든 음심이든 그 성품이 공한 까닭에, 그러한 마음이 생하면 생하는 대로, 멸하면 멸한 대로 매이지 말라는 뜻이다.

이는 마치, 거울이 사물을 낱낱이 구별하여 비추더라도 거울은 무심하여 아무런 분별이 없는 것과 같다. 거울 속의 사물을 구하고자 하여도 그 속은 공적할 뿐 아무 것도 얻을 바가 없기 때문에, 굳이 또 한 생각을 일으킬 필요가 없기 때문이다. 탐심이든, 음심이든 그 마음을 고치려고 하지도 않고 맡겨놓고 가면 스스로 사라지게 마련인 것이 거울에 비친 상(相)과 같다. 단지 작의를 떠난 무념·무심, 임운의 갓난아이의 행을 지켜나갈 뿐이니, 이것이 선법의 요체인 무수지수와 임운의 행법이다.

이러한 무수지수와 임운의 행법은 일체 만법이 불생불멸(不生不滅)

임을 인정하는 '무생법인(無生法忍)'에서 그 근거를 갖는다. 즉, 생성도 없고 소멸도 없는 실상 중에 안주하여 물러나지 않는 것을 말한다. 『대지도론(大智度論)』에서는 "무생법인이란 생성과 소멸이 없는 모든 법의 실상 중에서 그 바른 도리를 믿고 받아들여 통달하고, 걸림이 없고 물러나지 않는 것을 말한다."라고 설하고 있다.

원오선사는 『원오어록』에서 '뚜렷하게 보이는 모든 것이 무생법인'이라며 좀더 구체적으로 설법하고 있다.

> 눈에 보이는 낱낱의 대상과 국토 하나하나가 연화장세계 안에 함께 있고, 지혜의 눈 빽빽이 들어차고 뚜렷하게 보이는 모든 것이 무생법인이다. 한 줄기 풀을 집어서 장육의 불신을 나타내고, 하나의 깃털을 불어서 진리를 보는 바른 눈을 전한다. 무도 여의고 유도 여의며, 성인과 범부의 차별도 끊어지니 활짝 열려 분명하게 다 드러나 있구나.

무생의 법을 인정한다는 말은 모든 사물에 불성이 있음을 의미한다. 원래 무생(無生)은 인과 연의 결합에 의해 법이 형성되어도 인연법에서 벗어난 본래의 세계를 말한다. 즉, 불생불멸(不生不滅)의 경지인 공의 세계, 하나의 번뇌·망념도 일어나지 않은 본래 청정한 깨달음의 세계를 뜻한다.

무생법인의 이치는 『반야심경』에도 잘 설해져 있다.

> 모든 법의 공(空)한 모양은 생기는 것도 아니고 없어지는 것도 아니다 [諸法空相 不生不滅].

보통 우리가 자기라고 여기는 육체와 정신작용은 자세히 살펴보면 공(空)한 것임을 알 수 있다. 순간순간 변하고 있어서 고정되고 실다운 모습이 전혀 없다. 이렇게 고정된 실체가 없고 무상(無常)하기 때문에 공(空)하다고 하는 것이다. 이렇게 공한 존재는 실체가 없기 때문에 태어났다고 해서 무엇인가 새롭게 생겼다고 하기 어렵고, 죽었다고 해서 무엇인가 사라졌다고 하기 어렵다. 그래서 이름하여 '불생불멸'이라고 한 것이다.

따라서 공(空)을 증득하려고 애쓰는 것도 마찬가지로 잘못된 행이 됨에 유념해야 한다. 공이란 곧 얻을 수 없음을 일깨워주는 법문인데, 공을 증득하고자 한다면 이미 그 공의 뜻에 위배되기 때문이다. 공이라는 법문을 통해 '일체법을 얻을 수 없다.'라는 것을 요지했다면 그 공상(空相)도 버려야 한다. 그렇게 되면 무명이 힘을 잃게 되면서 점차 자연히 명철해지는 것이다.

선가에서는 본래의 마음자리를 무생법인이라고도 부른다. 본래심은 태어난 적이 없는 진리의 존재라는 뜻이다. 즉, 우리 마음자리는 '불생불멸'한 것이다. 생긴 적도 없으며, 그렇기 때문에 없어지는 일도 없다. 본래부터 남[生]이 없는 것이기에 무시무종(無始無終)이라고도 한다.

본래부터 태어남이 없는 무생법인(無生法印)의 도리

『반야심경』에 따르면 일체법은 부증불감(不增不減)이고 얻거나 잃을 바도 없다. 깨달았다고 하여서 무엇을 새로 얻었다고 할 수 없다. 깨닫지 못했다고 하더라도 깨달음을 잃어버릴 수도 없다. 얻고 잃음의 양변에 떨어져 보리는 좋고, 번뇌는 싫다는 생각을 내어서도 안 된다. 선 수행은 철저히 분별심을 내려놓는 공부밖에 다른 방도가 없다.

그렇다면 '불생불멸'한 무생법인은 현실 속에서 어떻게 실현될 수 있을까. 초기 선종어록인 『절관론(絕觀論)』에서는 이러지도, 저러지도 못하는 난제를 제기하며, 묘안을 제시하고 있다.

> 연문이 다시 일어나 물었다.
> "만약 처음 도를 배우는 이가 홀연 인연을 만나 다른 사람이 자신을 해치러 온다면 어떻게 대처해야 도에 합당한 것입니까?"
> 답한다.
> "한 가지도 대처해야 할 것이 없다. 왜 그러한가. 피할 수 있으면 피한다. 피할 수 없으면 그 자리에 있는다. 참을 수 있으면 참는다. 참을 수 없으면 웃어넘긴다."

지금 여기, 당처에 즉한 자리에서는 '일정한 법이 따로 없이[無有定法]' 그대로 구현되어야 한다는 법문이다. 만약 구도자가 불법은 이러저러 해야 한다는 하나의 법상(法相)을 갖고 있다면 그 순간, 불법은 고정화되어 생명력을 잃고 만다. 고정관념과 분별심으로 '정해진 법이 있다[有定法].' 라고 생각한다면, 이는 한계가 없는 법을 유한하게 만들고 마는 어리석음을 범하는 것이다. 반면 고정관념을 허물고 진리와 사물을 대한다면 자유를 스스로 획득할 가능성이 커진다. 그래서 "만약 마음에 분별함이 없으면 자연을 체달한다."(절관론)라는 법문이 나왔다. 분별이 없으면 애착을 낳기 마련인 정(情)에 구애될 바가 없어 참다운 자연의 자재함을 체득하게 된다는 것이다.

깨달음이란 일체의 분별을 떠나는 것

깨달음이란 '일체의 분별을 떠나는 것' 이며, '일체의 상(相)을 떠나는 것' 이다. 이 일체의 분별과 상에는 깨달음이니, 각성이니, 오매일여니, 구경각이니 하는 개념조차 예외가 되지 않는다. 그래서 '깨달아야지.', '나는 깨달았다.' 이런 말도 용납이 안 된다. 각(覺)과 불각(不覺)이 둘로 나눠져 있다면 진정한 각이라고 할 수 없다.

그래서 조금이라도 깨달음이나 부처를 찾고 열반을 찾는 한 생각이 일어난다면 이미 완전한 그것(일심)을 스스로 등지는 일이라고 하는 것이다. '삼계는 오직 마음이요, 식(識)' 이라는 도리를 요달한다면, 소위 일심이라는 것에는 진심(眞心)과 망심(妄心)이 둘이 아님을 알기에 망심에서 진심으로 나아가는 일이 또 하나의 어리석음이 된다. 깨달음에 대한 눈곱만한 집착이 있거나 구하는 마음이 남아 있다면 깨달음이 도래할 수도 없을 뿐더러, 깨달음이라고 할 수도 없다는 것이다. 깨달은 자의 눈에는 각(覺)과 불각(不覺)이 둘일 수 없으며, 보고 듣고 감각하고 생각하는 그대로가 각성(覺性)이기 때문이다.

이와 관련, 원오선사는 "지극히 실답고 평상적인, 편안한 곳에 다다르면 티끌이나 겨자씨만큼도 얻을 것이 없고 그저 그렇게 가는 곳마다 자유롭고 편안하니, 진실로 무심한 도인이다."라고 했다. 그래서 "무엇을 하든지 간에 모두가 철저히 대해탈인 금강정체이니 먼저 이 마음을 완전히 밝게 깨친 다음에 모든 착한 덕을 닦아야 한다."라고 했다. 또한 박산무이선사는 "종일토록 닦아도 닦음이 없어서 마당 쓸고 향 사름이 전부 한량없는 불사이니 그렇다고 그만둘 것도 없다. 다만 닦음과 깨침에 집착하지 않을 뿐이다."라고 했으며, 지공스님은 "털끝만큼도 닦고 배운다는 마음을 일으키지 않고 모양 없는 빛 속에서 항상 자재하다."라고 설했다.

여기서 '털끝만큼도 닦고 배운다는 마음을 일으키지 않는다.' 라는 말이 비밀스러운 가르침이다. 한편으로 보면 참으로 어렵고, 한편으로 보면 닦을 것이 없어서 쉬울 법도 하다. 이를 앞에서도 말한 바와 같이 '닦는 바 없이 닦는 수행[無修之修]' 이라고도 하고 '절관(絕觀)' 이라고도 한다. '절관' 이란 지금 여기, 당처 외엔 아무 것도 없는 까닭에 무엇을 보거나 관할 바가 없다는 뜻이다.

선(禪) 공부는 행입(行入, 실천행으로 들어감)에 앞서 이입(理入, 이치를 깨달아 들어감)을 더욱 중요시한다. 실천행이 아무리 깊고 훌륭해도 이입으로 먼저 돈오하지 못하면 헤맬 수밖에 없기 때문이다. 반대로 이입으로 돈오하면 그 이후의 보임공부(행입)는 비교적 쉽다고 한다. 왜냐하면 닦을 것도 얻을 것도 없음을 알고 '부처님 행을 닦기 [佛行修行]' 때문이다.

'행입'에 대해서는 뒤로 미루고, 우선 달마대사의 '이입'에 대한 법문을 살펴보자.

> 이입이란 부처님의 가르침에 의해 불교의 근본종지를 깨닫는 것이다 [藉敎悟宗]. 중생은 성인과 동일한 참성품[眞性]을 지니고 있으나, 다만 객진망념에 뒤덮여 있어 그 참성품을 드러내지 못하고 있음을 깊이 믿는 것이다. 만약 망념을 제거하여 진성을 드러내기 위해서는 마음을 집중해 벽관(壁觀)을 행해야 한다. 이를 통해 자타의 구별이 없고, 범부와 성인이 본질적으로 동일하다는 믿음에 굳게 머물러 변함이 없으며, 또한 다시는 언어문자의 개념적 가르침에 집착하지 말아야 한다. 이런 때에 진리와 하나 되어 분별을 여의고 고요한 무위[寂然無爲]에 도달한다. 이것을 이치로 들어간 문이라 한다.
>
> 『이입사행론(二入四行論)』

육조스님 당시에 신수대사는 좌선간심(坐禪看心) 위주의 점수돈오 (漸修頓悟, 점차로 닦아서 단박 깨침)의 입장이었지만, 육조대사는 돈오돈수(頓悟頓修, 단박 깨치고 단박 닦음)의 입장이었다. 선종의 적통을 이은 육조스님은 먼저 불법의 대의를 요달한 후 늘 직심(直心)으로 일행삼매(一行三昧, 늘 안과 밖의 경계에 물들지 않는 공부)와 일상삼매(一相三昧, 오직 마음일 뿐임을 지켜가는 삼매)를 닦음이 없이 닦았다. 육조스님 같은 대도인도 늘 직심으로 자기를 되돌아보았다고 하니, 거기에 위대함이 있는 것이다.

그래서 선 수행자는 우선 선리(禪理)를 깊이 요달하는 것이 선행돼야 한다. 경전이나 어록, 선지식의 한마디에 불법의 이치를 깨닫게 되면, 비로소 무수지수와 임운자재한 불행수행을 할 수 있다. 물론 선리를 깨닫지 못하고 깊이 이해한 해오(解悟)의 단계에서도 무수지수의 자세로 수행에 임하는 것이 필요하다.

깨달음과 사회적 실천, 즉 상구보리(上求
菩提, 위로 깨달음을 구함)와 하화중생(下
化衆生, 아래로 중생을 교화함)은 선후와
중요도가 다른 별개의 지침이 아니라, 동
시에 진행되어야 할 수행의 두 갈래 길이
기도 하다.

수행과 사회적 실천, 그리고 회향

'이론 없는 실천은 맹목이고 실천 없는 이론은 공허하다.' 라는 말이 있다. 동전의 양면과도 같은 '이론과 실천(실제)'은 모든 학문과 과학, 예술 등이 양자의 조화를 추구할 수밖에 없는 근본적인 문제임에 틀림없다. 때문에 이론과 실천, 사유와 행동의 조화는 종교에서도 가장 중요시하는 덕목이다. 붓다, 예수, 공자, 소크라테스와 같은 성자들은 한결같이 진리를 깨닫고 이를 사회 속에서 실천하기 위해 온몸을 내던지는 용기를 보여주었다. 그 분들이 실제적인 행동 없이 공허한 담론만을 소리 높여 외쳤다면, 성인이 아니라 도덕군자나 학자라는 타이틀에 만족해야 했을 것이다.

인도에서 중국으로 건너와 일심(一心)의 도리를 전한 달마대사 역시, 위대한 실천가였다. 그는 중국의 황제인 양무제 앞에서도 두려움 없이 자신의 견해를 아래와 같이 당당히 밝힌 바 있다.

양무제가 달마대사에게 물었다.

"무엇이 불교의 성스런 진리입니까?"

"텅 비어서 성스럽다 할 것도 없습니다."

"짐과 마주한 당신은 누구요?"

"모르겠습니다[不識]."

양무제는 이를 알아채지 못했다. 이에 달마대사는 강을 건너 위나라로 갔다.

뒷날 무제는 이 일을 지공화상에게 물어 보았더니 지공화상이 되물었다.

"폐하, 그 사람을 아시겠습니까?"

"모르겠습니다."

"그는 관음대사(관세음보살)이시며, 부처님의 심인(心印)을 전하러 이 땅에 왔습니다."

무제는 그제서야 후회하면서 사신을 보내 달마대사를 청하려 했다. 이에 지공화상이 다시 일렀다.

"사신을 보내는 일을 그만 두십시오, 온 나라 사람이 다 데리러 가더라도 그는 돌아오지 않을 것입니다."

『벽암록』

달마대사는 양무제 앞에서 진리란 텅 비어서 성스러울 것도 없으며, 황제 앞에 마주한 당신은 뭐라 이름 붙일 수도 알 수도 없는 '이 것'이라고 예상을 깬 답변을 했다. 자칫하면 두 번씩이나 황제를 놀린 죄로 목이 달아날 수 있는 형국임에도 당신이 깨달은 바를 소신 있게 말 아닌 말로 드러내고 있다.

달마대사는 그 뒤에도 소림굴에서 9년 동안 벽관(壁觀, 면벽좌선) 수행을 하며, 깨달은 바를 지키고 누리는 모습을 보이면서 인연 있는 제자를 기다린다. 이윽고 혜가대사를 만나 법을 전하고 권승들의 모함으로 사약(死藥)을 들이킬 때까지, 죽음 앞에서도 초연한 가운데 부처님의 심인을 전하는 사명을 완수했던 것이다.

이처럼 중국 선종의 기틀을 다진 달마대사의 가르침은 어느 누구보다도 진리에 대한 확신과 실천행으로 일관한 것이었다. 그가 도에 들어가는 법문으로 '선으로 가는 두 가지의 길과 네 가지의 실천'이란 뜻을 가진 「이입사행론(二入四行論)」이란 작품을 남긴 것도 결코 우연이 아니라고 생각한다. 선학의 토대가 된 「이입사행론」에 관한 설법은 이러하다.

　　도에 이르는 길은 많으나 근본을 들어 말하자면 두 가지 길이 있을 뿐
　　이다. 하나는 진리의 깨달음에 의한 입문, 즉 이입(理入)이며 다른 하나
　　는 실천에 의한 입문, 즉 행입(行入)이다.

구도행의 두 축, 상구보리와 하화중생

몇 년 전 조계종에서는 '깨달음의 사회화 운동'이란 캠페인을 전개한 적이 있다. 깨달음이란 우리의 삶과 생활 속에서 발견되고 전개돼야 한다는 취지로 기획된 캠페인이었다. '깨달음의 사회화'란 깨닫고 나서 그것을 사회적으로 승화시키는 것이 아니라, 자비행의 실천을 통해 나와 세상이 함께 깨달아 가야 한다는 주장이었다.

이처럼 깨달음과 사회적 실천, 즉 상구보리(上求菩提, 위로 깨달음을 구함)와 하화중생(下化衆生, 아래로 중생을 교화함)은 선후와 중요도가 다른 별개의 지침이 아니라, 동시적으로 진행되어야 할 수행의 두 갈래 길이기도 하다. 깨달음을 이룬 뒤에 중생교화에 나서는 것이 일반적이지만, 보살행을 하는 과정에 깨달음을 얻기도 한다. 심지어 지장보살 같은 분은 깨달음을 미루고 중생구제에 나서지 않았던가.

결국 '상구보리'와 '하화중생'은 선후에 관계없이 수행자라면 늘 염두에 둬야 하는 수행의 두 축(軸)이라고 해도 과언이 아니다. 깨달음을 얻기 위한 수행 또는 보살행, 한 군데에만 치중하는 것은 균형을 잃은 수행일 뿐더러, 완전한 구경각을 이루기는 요원한 일이기 때문이다. 그래서 고인들은 지혜와 자비를 상징하는 문수보살과 보현보살을 내세워 원만한 구도의 길을 안내하고 있는 것이다. 물론 깨달음을 얻은 자가 자비행을 하지 않을 수도 없으며, 참된 자비심을 실천하는 자가 깨닫지 못할 리도 만무하다. '나'와 '나의 것[我所]'이 있을 수 없고, 너와 내가 둘이 아님을 깨달은 이가 동체대비심(同體大悲心)을 실현하는 것은 당연한 일이기 때문이다.

그렇다면 '진리의 깨달음을 통한 입문'이란 뜻을 지닌 이입(理入)은 어떤 의미를 지닌 것일까. 다시 달마대사의 법문에 귀 기울여 보자.

'이입'이란 가르침에 의지해 진리를 깨달아 들어가는 것이다. 일체의 유정물(有情物)이 하나의 참된 본질인 진성(眞性)을 공유한다는 사실에 대해 깊이 믿는 것이다. 진성이 명확하게 자신을 드러내지 못하는 이유는 외적 대상이나 망상으로 가려져 있기 때문이다. 사람이 거짓을 버리고 참으로 돌아와 전심으로 벽관(壁觀)하면 나와 남의 구분이 없고 성(聖)과 범(凡)이 하나의 본질임을 깨닫게 된다. 이 믿음을 굳게 지킨다면 다시는 언구(言句)와 형상에 이끌려 현혹되지 않을 것이며 깨달음의 진리와 하나가 돼 적연무위(寂然無爲)를 누리게 된다. 이를 '진리의 깨달음에 의한 입문[理入]'이라고 한다.

「이입사행론」

이 법문에서 불법의 진리를 깨닫는 요체는 '모든 중생이 동일한 진성을 갖추고 있으나 객진(客塵, 마음의 대상) 망상으로 덮여 드러나지 못하고 있을 뿐임을 깊이 믿는 것'에 있다는 사실을 유념해야 한다. 이는 부처님께서 깨달음을 얻은 후 『화엄경』에서 "내가 일체중생을 그윽히 지켜보니 여래의 진면목인 지혜와 덕상이 고루 갖추어져 있건만 다만 번뇌 망상 집착으로 인해 깨달음에 증득하지 못한다."라고 설한 법문과 마찬가지이다.

이 법문을 믿고, 믿지 않고에 따라서 수행의 방향과 그 결과도 하늘과 땅만큼 벌어지게 된다. '중생이 본래 부처'임을 믿고 시작하는 수행과 '중생은 영원히 중생일 뿐'이라는 신념은 극과 극의 결과를 낳기 때문이다. 때문에 나와 남이 둘이 아니요, 성인과 범부가 하나의 본질임을 굳게 믿으면 깨달음의 진리와 하나가 될 수 있음을 확신시키고 있는 것이다.

위에서 '벽관'이란 보통 달마대사의 면벽좌선, 즉 벽을 대하고 좌선함을 말하기도 하나, 실제 마음 수행상의 면으로는 망상이 본래 '생한 바 없으며[無生]' 일체법이 얻을 바 없는 것임을 알아 일체의 분별상을 여의고 무상(無相), 무념무상(無念無想), 무심(無心), 무수지수(無修之修, 닦음이 없이 닦음)에 안주함을 말한다.

문수의 지혜와 보현의 자비행이 둘이 아니다

다음으로 '실천에 의한 입문(行入)'에는 네 가지 규범이 있다. 여기에는 다른 모든 규범들이 귀속될 수 있는데, 그 네 가지 실천행은 다음과 같다.

첫째는 증오를 갚는 실천, 보원행(報怨行)이다. 타인의 증오를 최대한 이용해, 역으로 구도 정진의 기회로 삼을 수 있도록 하는 것이 보원행이다. 만약 원망하는 고통, 곧 원고(冤苦)를 받을 때는 마땅히 '내가 무시(無始) 이래로 근본을 버리고서 현상만 좇아 제유(諸有)에 유랑하여 많은 원증(冤憎)을 일으켜 그릇됨이 한이 없었다.'라고 자기 성찰을 해야 한다는 것이다. 우리는 진여불성을 버리고 허망한 현상만을 좇는 속물이 되어서 중생계인 삼계육도(三界六道)에 떠돌면서 많은 원망과 미움을 일으킨 것이 한이 없다. 따라서 수행자는 감심인수(甘心忍受), 즉 그저 어떤 것이나 달게 받아내야 한다. 어떤 고통도 참고 이겨내어 원망스럽게 호소하지 않는 마음이 생길 때, 체념이 되고 나아가 마음이 평등해지는 것이다. 과거세에 원망스런 일도 하고 원망을 받기도 하며, 금생에도 남한테 원망도 받고 남을 원망하는 일들을 모두 공(空)의 본체로 돌려 도(道)에 나아감으로써 보원행을 실천하라는 법문이다.

둘째는 삶의 가변적인 조건과 환경에 적응하는 실천, 수연행(隨緣行)이다. 모든 중생이 업보의 상호작용에 의해 만들어지기 때문에 나라고 할 만한 '자아가 없다[無我]'는 것을 우선 알아야 한다. 이렇게 되면 제 아무리 많은 보시를 받든지 남의 칭찬을 받든지 간에 기뻐할 필요가 아무 것도 없다. 우리가 '얻고 잃어버리는[得失]'의 인연을 따라 마음에 증감(增減)이 없으면 팔풍(八風)에 동하지 않는 것이다. 팔풍이란 이·쇠·훼·예·칭·기·고·락(利衰毁譽稱譏苦樂), 즉 이익, 명예, 칭찬, 쾌락, 쇠약, 명예훼손, 비방, 고뇌 등 여덟 가지 번뇌의 바람을 말한다. 수행자가 얻는다고 더 기뻐하고, 잃는다고 괴로워하는 등 득실에 따라 마음에 증감이 없을 때는 팔풍이 동하지 않고 저절로 수연행을 실천하는 수행이 된다.

셋째는 구함이 없는 실천, 무소구행(無所求行)이다. 세상 사람들은 평생 미혹의 상태에 빠져서 탐욕과 아집에 사로잡혀 있다. 이것이 집착이다. 그러나 지혜로운 자는 항시 안온하여 마음으로 동요가 없고 만유가 다 비어 있으니 희구(希求)할 것이 없으며, 바랄 것도 없어서 안분지족(安分知足)의 삶을 살게 된다. 그래서 삼매 가운데도 무원삼매(無願三昧)라는 것이 있다. 원하는 것이 없는 삼매이다. 물론 게으름 피우면서 바라지 않으면 큰 탈이겠지만, 최선을 다하면서 바라지 않는다는 적극적이고 긍정적인 마음가짐이다.

넷째는 법에 맞게 행동하는 칭법행(稱法行)이다. 지혜로운 이는 자신의 인격을 닦는 동시에 남에게 봉사한다. 번뇌의 오염을 떨치기 위해 6바라밀(六波羅蜜)을 수행해 덕을 갖추지만 그 또한 대단하게 생각하거나 집착하지 않는다. 오로지 진리에 따라서 살아가는 삶, 이것이 칭법행이다. 여기서 법(法)은 두 가지로 쓰인다. 본질적인 우주의 진리, 또는 만법(萬法)이라 할 때의 현상적인 '일체의 존재(마음의 대상)'를 법이라고 한다. 이러한 법, 즉 청정한 진여에는 탐하고 아끼고 인색한 것이 없다. 집착하지 않고 소유하지 않는 법에 따라 보시, 지계, 인욕, 정진, 선정, 반야의 육바라밀을 행함을 칭법행이라 한다.

이러한 이입사행 법문은 『금강삼매경(金剛三昧經)』에도 등장한다. 『금강삼매경』 '입실제품'에서 '행입'에 대한 법문을 인용하면 다음과 같다.

행입이란 마음이 기울거나 의지하지 않으며 그림자에 홀리거나 바꿈이 없으며, 모든 처소에서 생각을 고요히 해서 구함이 없으며, 바람이 북치듯 해도 움직이지 않기를 대지와 같이 하며, 마음과 나를 버려서 중생을 구원하고 제도함에 무생무상(無生無相)이고 취하지도 않고 버리지도 않는다.

마음이 그 어디에도 기울거나 의지하지 않으며, 고요하고 구함이 없어서 무아를 깨달아 중생을 구원하는 삶. 사유와 행동, 깨달음과 보현행이 수레의 두 바퀴처럼 나아갈 때 이입과 행입은 저절로 상승작용을 일으켜 각행원만(覺行圓滿)한 깨달음의 삶을 구현하게 된다.

도림선사가 백락천에게 일러 준 "여러 악을 짓지 말고 선을 실천하며, 그 마음을 청정히 하라[諸惡莫作 衆善奉行 自淨其心]."라는 법문은 '삼척 동자도 알지만 백세 노인도 행하기 어려운 일'이다. 앎과 실천의 통일, 자신을 속이지 않고 언행일치의 삶을 사는 것이 수행의 처음과 끝이 아닐 수 없다.

수행에 진척이 없다면 '참회와 업장소멸' 부터

매년 입시철이나, 연말연시 명산대찰의 기도처에는 가족과 자신의
행복과 건강을 비는 기도 행렬이 끊이지 않는다. 물론 이러한 '복을
비는 기도[祈福]'에만 불자들이 머문다면 올바른 신행으로 보기는 어
려울 것이다.

그러나 기도의 목적과 결실은 그 정도로만 한정된 것이 결코 아니
다. 오히려 기도는 깨달음의 한 방편으로서, 수행의 입문 단계에 있는
사람들을 바른 길로 인도하는 훌륭한 길잡이가 되기도 한다. 나아가
기도를 통해 특별한 수행의 경지를 이루게 됨은 물론이요, 도를 깨닫
는 경우도 적지 않다. 특히 수행의 여정에 들어선 사람들은 기도로서
수행의 기틀을 다지기도 한다. 수행자의 첫 마음은 너무나 순수하고
완전히 비어있기 때문에 모든 것을 받아들일 준비가 되어 그 효과 역
시 크고 빠르기 때문이다. 업장(業障)을 녹이고 신심을 북돋울 수 있
는 기도로 수행의 기틀을 올바로 정립하면 깨달음의 여정이 훨씬 수
월할 것이다.

예로부터 기도의 힘으로 수행의 기틀을 다진 고승들은 주로 천수대
비주 기도나 관음기도, 문수기도 등으로 득력해 본격적인 참선 수행
의 길로 나아가는 경우가 많다. 참선 용맹정진에 앞서 21일, 100일 기
도를 결제하는 스님들이 적지 않은 것은 기도가 참회를 통해 업장을
녹이고 신심을 북돋울 수 있는 수행의 기틀이기 때문이다. 실제로 본
격적인 수행에 앞서 천수대비주 기도나 관음기도, 문수기도 등으로

득력(得力)해 참선 수행의 길로 나아간 고승들이 적지 않다. 또 이미 기도로 득력한 스님들은 단기간에 견성하는 경우까지 있었다.

예를 들어, 조선 선조 때의 선하자(禪荷子)스님은 묘향산 문수암에서 100일간의 관음기도를 회향하는 날, 포수가 쏜 총소리를 듣고 확철대오했다고 한다. 경허스님의 수제자인 수월스님은 글을 몰랐지만 오직 천수대비주 기도를 통해 무명(無明)을 깨뜨리고 깨달음을 얻었으며, 어떤 경전을 들어도 뜻을 꿰뚫게 됐다고 전한다. 천수대비주를 10만 번 외운 용성스님은 기도를 마친 후, 스스로 "사람의 근원은 무엇인가? 보고 듣고 깨닫고 아는 근원은 어디에 있으며 어디에서 오는 것인가?"라는 의문을 품고 불과 엿새 만에 견성하였다. 또한 숭산스님은 출가한 지 열흘 만에 100일 기도에 들어가 "바위, 강뿐만 아니라 모든 것을 있는 그대로 볼 수도 있고 들을 수 있으며, 이 모든 것이 참다운 자성(自性)이라는 것을 깨달았다."라고 한다.

이처럼 기도가 삼매를 이뤄 오랜 시간 지속되면 곧바로 깨달음으로 이어지기도 한다. 기도를 하면서 힘이 드는 줄도, 시간가는 줄도 모르게 고비를 넘기고 나면 묘한 힘을 얻게 된다. 그리고 여기서 한 걸음 더 나아가 주관과 객관이 하나 된 상태에서 모든 상대적인 경계와 시비·분별, 생사마저도 초월하는 무심삼매에 빠져들면 마침내 오도(悟道)의 경지에 이르게 된다. 일타스님은 "기도가 꿈속에서도 이루어지고 일념삼매에 젖어들게 되면, 깨달음의 문이 저절로 열리게 된다."라고 말한 바 있다. 스님은 『기도』라는 책에서 "의심도 나지 않는 화두를 들고 마구잡이로 씨름하기보다는, 스스로 마음을 정하여 업장을 녹이고 신심을 북돋울 수 있는 기도를 한바탕 열심히 하는 것이 장래의 수행에 훨씬 큰 도움을 주는 경우가 많다."라고 당부하기도 했다.

구도의 여정에서 한번이라도 좌절을 겪지 않은 수행자가 어디 있겠는가. 그럴 때마다 수행자들은 간절한 기도로 초발심과 신심을 다지고, 수행의 장애물을 돌파해 나가야 한다. 수십 년 동안이나 정진했건만, 질기고도 질긴 습기(習氣)의 발동으로 좌절을 겪는 수행자들은 반드시 이러한 기도를 통해 원점에서 수행을 재점검하고 새롭게 발심할 필요가 있다.

성철스님은 생전에 "전생과 금생의 업장이 소멸되어야 지혜의 눈이 열려 수행이 제대로 된다."라고 하였다. 그렇듯이, 수행의 입문자나 향상일로(向上一路)를 도모하는 구참자는 이러한 자력(自力)과 타력(他力)이 둘이 아닌 기도를 해 볼 필요가 있다. 그동안 닦아서 얻은 바가 있다는 생각을 모조리 내려놓고 원점에서 출발한다는 각오만 있다면, 참회하는 절과 주력이 참선이 되고, 참선이 절과 주력이 되는 도리를 체험할 수 있을 것이다.

불·보살님들께서 세운 행원력(行願力), 즉 '고통 받는 중생을 남김없이 구제하겠다.' 라는 그 원력에 의지해 기도하는 방법은 복잡한 형식이나 고차원적인 생각이 필요 없다. 오로지 지극하고 간절한 마음, 정성 하나면 족하다. 따라서 일념으로 기도정진에 들어간 불자들은 절대로 요행수를 바라지 말고 자력(自力)으로 해야 한다. 요행수를 바라는 기도는 마음에 잔뜩 때를 끼게 하고, 언젠가는 사도(邪道)로 빠져들게 한다. 기도의 대상이나 장소에 구애받지 말고 진실하게 정진한다면 업장은 소멸되고 복은 저절로 찾아들게 된다. 흩어진 정신 에너지를 하나로 모아서 불·보살과 한 몸을 이루는 기도가 일상화되면,

나에게 갖춰져 있는 영원한 생명과 무한한 능력이 계발되고, 내가 서 있는 이곳 또한 사바세계가 아닌 불국토로 바뀌게 되는 것이다.

이처럼 정직한 기도의 결과인 소원성취는 수행의 과보로 얻어진 하나의 선물로서, 불·보살의 가피로 나타나게 된다. 틱낫한스님이 "기도는 종교의 전유물이 아니며 우주가 인간에게 준 아주 특별하고 소중한 선물"(『기도』, 명진출판)이라고 말한 것처럼, 이를 잘 활용해 수행의 밑거름으로 삼는 지혜가 필요하다.

불·보살의 행원력에 의지하는 기도가 깊어지면 자성불(自性佛), 즉 본래의 자기를 향한 기도로 전환되기 마련이다. 참된 기도는 불·보살의 위신력과 서원을 찬탄하고, 제불·보살과 내가 본래 둘이 아니라는 것을 사무치게 깨닫는 수행의 과정이다. 따라서 기도는 결국 자기의 본래면목(本來面目)으로 회향되는 것이어야 참된 신행이라 할 수 있다. 끝없는 번뇌·망상으로 인해 미오(迷悟)를 반복하며 새로운 돌파구를 찾는 불자들은 당장 절과 주문, 염불 속으로 들어가 기도일념에 빠져 보자.

마하반야바라밀은 어디에도 머물지 않는
'초탈한 마음'이다. 마음의 집착을 제거하여
'얻을 바 없는' 무소득심(無所得心)이 될 때
라야만 청정무구한 자성을 보게 되기에, 우리
는 끝없이 마음을 쉬고 쉬면서 내려놓아야 하
는 것이다.

무념의 실천, 머무는 바 없이 마음내기

"야구는 사람이 한다."
"어떤 상황에 어떤 사람을 쓰느냐가 내 야구의 기본이다."
"정해 놓고 하는 야구는 내 스타일이 아니다."
"야구도 경영이다. 선수의 장점을 살려 주는 것이 감독이 할 일이다."
"진 경기를 감독이 이기게 하는 경우는 드물지만, 감독 때문에 다 이긴
경기가 뒤집히는 경우는 숱하게 봤다."

2006년, 제1회 월드 베이스볼 클래식(WBC)에서 한국 야구를 세계
4강에 올려놓은 명장 김인식 감독의 어록이다. 그의 업적은 1983년
멕시코 세계청소년축구 4강 돌풍을 일으켰던 박종환 사단, 2002년
한·일 월드컵에서 4강 신화를 이룬 히딩크 감독의 축구대표팀에 이
어 세계 스포츠 무대에서 '코리안 센세이션'을 일으킨 쾌거였다. 김

인식 감독의 야구는 사람을 먼저 생각하고 중히 여기는 '휴먼 베이스 볼', 다시 말해 인화(人和)의 야구라는 점에서 경영인들과 경영학자들의 많은 관심을 불러 모으기도 했다.

하지만 필자가 선수행을 논하는 이 글에서 김인식 감독의 어록을 들먹인 의도는 다른 곳에 있다. 핵심은 바로 "정해 놓고 하는 야구는 내 스타일이 아니다."라는 이 멘트에 있다. '정해 놓고 하지 않는다.'라는 마인드를 필자는 무주(無住)의 실천, 즉 "응당 머무는 바 없이 그 마음을 내라[應無所住 而生其心]."라는 『금강경』 수행의 요체에 대입해 풀어 보려는 것이다.

어떤 고정관념 없이 물 흐르는 대로 머무는 바 없이 그때그때 최선의 작전을 구사하는 무심(無心)의 야구. 그 누구도 상상하지 못한 성과를 이뤄낸 김 감독의 어록을 자세히 살펴보면, 그의 야구철학은 매우 선(禪)적임을 간파할 수 있다. 그는 아시아지역 1라운드(3월 3일~5일)에서 일본의 오우 사다하루(王貞治) 감독이 야구의 작은 부분을 중시하는 '스몰 볼(small ball)'을 표방했을 때 이렇게 말했다고 한다.

> "정해 놓고 하는 야구는 내 스타일이 아니다. 상황에 따라 다르고, 상대에 따라 다르다. 야구는 사람이 하기 때문이다. 작전보다 먼저 생각해야 할 부분이 바로 사람이다. 어떤 상황에 어떤 사람을 쓰느냐가 내 야구의 기본이다."

매 순간 머물지 않는 마음으로 무심을 실천하는 김인식 감독의 야구는 특히 투수 교체와 대타 기용에서 마치 상대의 대응을 기다리고 있는 것처럼 늘 자연스럽고도 완벽하다. 이런 성공은 물론 그 투수와 대타의 특성에 대한 정확한 판단과 상황을 냉정하게 분석하는 데서 비롯됐다. 머물지 않는다고 해서 아무 것도 준비하지 않는 것이 아니라, 매 순간 무심한 가운데에서 최선을 다하는 것이다. 게임이 시작되기 전에는 지피지기(知彼知己)의 작전을 짜는 데 온 마음을 집중하고, 경기가 시작되면 선수들의 마음과 혼연일체가 되어 그때그때 최선의 결단을 내린다. 야구의 대가인 그에게 경기는 그의 삶인 동시에 무심 수행의 수련시간이나 다름없는 셈이다.

　김 감독은 또한 선수들의 개성을 존중했다고 한다. 강압과 규제로 선수단을 통제하지 않고, 스스로 절제하고 운동하도록 했다. 선수 개개인이 불성(佛性)을 지닌 우주의 주인이니, 그들을 신뢰하는 믿음의 야구는 팀 구성원 개개인의 능력을 "더하기에서 곱하기로" 배가시켰다. "조직은 사람이 만들고, 운영은 사람을 다루는 데서 출발한다. 야구도 경영이다. 엔트리 30명은 모두 장점이 있다. 그 장점을 살려 주는 것이 책임자가 할 일"이라는 김인식의 휴먼 베이스볼. 한국팀을 세계 정상급으로 끌어 올린 이러한 성공 사례는 야구를 비롯한 스포츠뿐 아니라 기업이나 정부, 사찰, 수행단체의 경영에도 적용될 수 있음은 물론이다.

집착 없이 그 마음을 쓰라

그렇다면 선(禪)에서 말하는 '무주'와 '응무소주 이생기심'이 무엇인지 구체적으로 알아보자.

수보리여, 모든 보살·마하살은 응당 이와 같이 청정한 마음을 낼 것이니, 마땅히 색에 머물러 마음을 내지 말 것이며, 마땅히 소리, 맛, 촉감, 마음의 경계에 머물러 마음을 내지 말 것이며, 응당 머무는 바 없이 그 마음을 낼지니라[應無所住 而生其心].

『금강경』

부처님께서 "응당 머무는 바 없이 그 마음을 낼지니라."라고 한 것은 마음이 색·성·향·미·촉·법의 여섯 가지 경계에서 벗어나 '머물러 주착(住着)함이 없이' 모든 인연에 응하여 움직여야 함을 말한다. 이러한 움직임 속에서는 움직인다는 생각이 없다. 움직이지만 항상 고요하므로 움직임은 움직임이 아니다. 오염된 마음이 움직이는 것이 아니고, 진여자성(眞如自性)이 묘용을 내는 것이어서 하루 종일 움직여도 손가락 하나도 움직인 바가 없다. 이것을 진여대용(眞如大用)이라고 한다.

6조 혜능스님이 어느 날 새벽, 5조 홍인대사로부터 『금강경』 법문을 듣다가 바로 이 대목에서 홀연히 깨달았다고 하는 '응무소주 이생기심(應無所住 而生其心)'이란 글귀는 선수행의 요체를 담은 것으로, '일체의 것에 집착함이 없이 그 마음을 쓰라.'라는 뜻으로 해석될 수 있다. 이는 황벽선사가 『전심법요』에서 "무릇 도를 배우는 사람이 만약 요결을 알고자 한다면, 오직 마음 위에 한 물건도 붙이지 말지니라."라고 한 가르침과 다를 바 없다.

선종에서 『금강경』을 소의경전으로 택한 것은 한 곳에 집착하는 마음을 내지 말고, 항상 머무르지 않는 마음을 일으키고, 모양으로 부처를 찾거나 보지 말 것을 강조한 정신 때문이다. 이러한 『금강경』의 정신과 실천행을 집약한 글귀가 바로 '머무는 바 없이 그 마음을 내라.'라는 가르침이다. 이 구절은 소박하게는 대립, 분별, 집착을 버린 '빈 마음'으로 너와 나, 원인과 결과에 얽매이지 않는 대자유의 삶을 살라고 말한다. '머무름이 없는 행[無住行]'은 곧 중도행(中道行)이며, 머무름이 없다는 그것에도 머물지 않는 초월의 길이기도 하다. 보아도 집착하지 않고, 들어도 걸리지 않는 것이 머무름이 없는 반야바라밀인 것이다.

이 '머무는 바 없는 행'에 대해 조주선사는 "부처님이 계신 곳은 머물지 말고 급히 지나가라."라고 했고, 임제선사는 "부처를 만나면 부처를 죽이고, 조사를 만나면 조사를 죽여라."라는 말까지 했다. 대주선사는 "머무름이 없는 마음이 부처의 마음[佛心]"이라며 이렇게 설명했다.

선악·유무·내외·중간에 머물지 아니하며, 공(空)에도 머물지 아니하며, 공 아님에도 머물지 아니하며, 선정에도 머물지 아니하며, 선정 아님에도 머물지 아니함이 일체처에 머물지 않는 것이다.

『대주선사 어록』

이 '응당 머무는 바 없이 그 마음을 낸다.'라는 말에는 내 마음의 본

바탕인 진여자성과 그 작용에 대한 설명이 동시에 담겨 있다. 즉 '머무는 바 없는 마음'이 부처님의 법신이며, '그 마음을 낸다.'라는 것은 법신의 작용을 의미한다. '응당 머무는 바 없음'은 진여자성의 체성이다. 이 깨달음의 체는 무념(無念)이고 무주(無住)여서 상(相)을 보지도 않고, 취하지도 않는다. 한편 '마음을 낸다.'라는 것은 진여자성의 작용이다. 무념이고 무상이지만, 이 진공무상(眞空無相)의 체에서 한량없는 지혜와 묘한 작용이 나옴을 뜻한다.

따라서 선(禪) 수행자는 '응당 머무는 바 없이 그 마음을 내라.'라는 이 구절을 선언적인 의미로만 받아들여서는 절대 안 된다. 이 무주(無住)의 실천은 좌선할 때는 물론이요, 일상생활 중에서 잠시도 잊어서는 안 되는 수행의 원칙이기 때문이다. 수행자는 행주좌와 어묵동정의 24시간 내내 눈·귀·코·혀·몸·의식의 6가지 감각기관의 인식대상인 색·소리·냄새·맛·촉감·마음이란 경계의 어떠한 상(相)에도 집착하지 않는 공부를 해 나가야 한다.

자나 깨나 한결같은 오매일여(寤寐一如)의 경지가 결코 쉽지 않기에 간화선 수행자들은 강력한 화두의심의 힘으로 무념, 무주의 실천이 가능하도록 정진하기도 한다. 물론 화두가 일여하게 들리지 않는 경우라 하더라도 좋고 나쁨, 선함과 악함, 이익과 손해, 부처와 중생, 나아가 어떠한 법상(法相)에도 집착하지 아니하고 사물에서 훤칠히 벗어나 있으면서 인연 따라 평등하게 '머무는 바 없는 행'을 실천할 수만 있다면 같은 결과를 얻을 수도 있다. 그러나 현실 생활 속에서 마음을 쉬어서[休] 한결같이 무주행을 실천하기란 쉽지 않기 때문에 간절하게 화두를 들어 무념에 드는 것을 권하는 것이다.

형상에 머물지 않는 초탈한 마음이 무념이다

『금강경』에 "일체의 상(相)을 떠나는 것을 곧 모든 부처님이라 이름한다."라는 말이 있다. 여기서 '상에 머물지 않음[無住相]'이 곧 반야바라밀이며, 곧 선의 종지인 무념(無念)이다. 참선이란 이 무념의 실천에 다름 아니다. '머무는 바 없는 행'을 실천해 무심(無心)이 한결같아져서 반야바라밀을 행하면 여래의 형상 너머 실상무상(實相無相)을 보게 된다. 즉, 마하반야바라밀은 어디에도 머물지 않는 '초탈한 마음'이다. 마음의 집착을 제거하여 '얻을 바 없는' 무소득심(無所得心)이 될 때라야만 청정무구한 자성을 보게 되기에, 우리는 끝없이 마음을 쉬고 쉬면서 내려놓아야 하는 것이다.

그렇다면 상(相)에 머물지 않는 실천이란 어떤 것일까. 하루 종일 앉거나, 서거나, 말하거나, 침묵하거나, 사물을 보거나, 보지 않거나, 듣거나, 듣지 않거나 사물을 생각하여 헤아리지 말며, 오직 무념을 유지하여 결코 양변에 떨어지지 않는 것을 '상에 머물지 않음'이라고 한다. 무념의 실천이란 분별심과 망상 속에서 헤매는 생각이 없어서 앞생각도 청정하고 뒷생각도 청정하여 일심(一心)이 한결같이 청정하게 이어지는 것을 말한다.

이를 위해서는 직장이나 가정에서 순탄한 경계를 만나거나 거슬리는 경계를 만나거나 간에, 마음이 항상 편안하고 부동하여 만 가지 경계에도 흔들리지 않아야 한다. 누가 나를 험담하고 비방해도 거기에 반연해서 휘말리지 않으며, 청정한 일심이 흐트러지지 않아야 한다.

가정에서 겪는 남편과 아내, 자식과의 미묘한 갈등이나 직장에서 상사나 동료, 부하직원과 겪는 온갖 경계에 무심히 그리고 또렷하게 걸림 없이 중도로 대처하는 삶 자체가 지극한 선수행이 되는 도리가 여기에 있다.

상에 머물지 않는 반야바라밀은 헤아릴 수 없는 무량한 복덕이 끝없이 솟아나는 신묘한 마음바탕이다. 좌선할 때는 물론 일상 속에서 이러한 무념과 무심의 행이 오롯이 이어져 마음이 진공(眞空)이 되면 상에도 집착하지 않고 공에도 집착하지 않으며, 집착하지 않는다는 상 또한 짓지 않으며, 마치 허공과 같이 무엇에도 걸림 없는 대자유인이 되는 것이다.

머무는 바 없이 베푸는 보살수행

그러나 조사스님들은 "무심(무주)도 오히려 한 겹 관문이 남아 있다."라고 했으니, 무심에만 머물지 말고 머무는 바 없이 무주상보시(無住相布施)를 실천해야 한다고 일깨운다. 머무름이 없는 가운데서 큰 작용을 일으켜서 만 가지 행으로 자비공덕을 원만하게 베풀어야 한다는 것이다. 부처님께서는 구체적인 '머무는 바 없는 행'의 하나로 무주상보시를 이렇게 강조하셨다.

보살은 응당 머무는 바 없는 보시를 행할지니, 이른바 색에 머물지 않는 보시이며 소리·냄새·맛·촉감·마음의 경계에 머물지 않는 보시이니라.

『금강경』에서 '마땅히 상이 없는 마음[無相心]으로 보시한다.' 라는 무주상보시는 구체적인 보살수행의 하나로 꼽힌다. 그런데 이 무주상 보시는 '내가 좋은 일 해야지.' 하는 생각이 없다면 쉽겠지만, 그런 마음이 눈곱만치라도 있다면 불가능한 일이기도 하다. 이 무주상보시를 고인들은 "주체로서의 마음도 없고 보시하는 객체로서의 물건도 보지 않으며, 보시를 받는 사람도 분별하지 않음을 말한다."라고 설명 했으니, 결코 쉽지 않은 수행임에 분명하다.

이러한 무주상보시는 일상 속에서 상(相)에 끄달리지 않고 분별심을 내지 않는 꾸준한 수행이 겸비될 때 자연스럽게 이뤄지는 일이기도 하다. 집착과 상에 얽매이는 습관을 방어하여 철저한 공사상에 입각, 번뇌와 분별하는 마음을 끊을 때 비로소 중생을 구제할 수 있으며, 반야지혜를 얻어 대각을 증득할 수 있기 때문이다. 보시를 행하더라도 보시를 했다는 생각과, 어떤 체험을 얻었더라도 얻었다는 생각이 없이 무념(無念), 무상(無想)으로 수행하는 것은 대각을 성취할 때까지 잊지 말아야 할 가장 중요한 원칙이 아닐 수 없다.

세간의 인연에도, 출세간의 법에도 머물지 않기

진실로 머무는 바 없는 마음을 내기 위해서는 진여자성으로 돌아가 그 자리에서 행해야 하므로, 『금강경』 법문을 듣고 깊이 이해하고 마음에 새기는 진지한 자세가 선행돼야 한다. 충분히 납득하고 믿어 의심치 않는 신심이 생기면 그때부터 좋고 싫음과 선과 악을 분별하여 거기에 끄달리지 않게 된다. 시비·분별심을 쉬어 마음을 항상 공적하게 하여 한결같이 나아가면, 마침내 자성을 쓰는 경지에 이르게 되는 것이다. 자성은 본래 원만하여 부족함이 없으므로 자연스럽게 거기에 맡겨 두면 하는 일마다 저절로 지혜롭고, 저절로 조화롭고, 저절로 신령스러워 통하지 않음이 없으므로 더 보탤 것도 없고 덜어 내야 할 것도 없다. 머무는 바 없이 생각하고, 머무는 바 없이 행하는 것이 곧 반야바라밀이며 깨달음으로 나아가는 오직 한 길인 것이다.

예로부터 고인들은 불법의 정수가 『금강경』이라면, 『금강경』의 본뜻은 곧 이 오묘한 행에 있으니, '응당 머무는 바 없는 행'이 바로 불법의 골수라고 했다. 일체법에 머물지 아니하고, 머물지 않는다는 마음에도 머물지 않는 것이 무주(無住)의 마음이다. 사람과 법이 모두 공한 인공(人空)과 법공(法空)의 이치를 깨달아 붙잡을 것이라고는 한 터럭도 없는 무소득심, 곧 청정한 마음이다.

물론 한 물건도 없는 자성을 깨닫기 전에는 부처님 법이 없어서는 안 된다. 그러나 수행하여 진여자성을 깨닫게 되면 나도 없고 너도 없는 한 덩어리 진여자성일 뿐이다. 그 진여자성도 무념이고 무주이며

무상이어서 법을 취사하는 나도 없고, 취사할 법도 없고, 없다는 생각
마저 떠나 움직임이 없는 본체에서 오묘하게 나타나니, 곧 진공묘유
(眞空妙有)라고 한다. 참으로 진여자성의 경지를 알고자 한다면 안으
로는 마음을 비워 허공과 같이 하고, 밖으로는 한 법도 보지 않아야
비로소 상응하게 된다고 했다. 그래서 고인들은 "법도 마땅히 버려야
하거늘, 하물며 법 아닌 것에 있어서랴."라고 이르신 것이다.

『금강경 오가해』에 기록된 도천선사의 게송은 끝없이 초월하는 이
러한 향상일로의 심경을 잘 드러내고 있다.

> 종일 바쁘고 바쁘지만[終日忙忙]
> 어떤 일도 방해롭지가 않다[那事無妨]
> 해탈도 구하지 않고[不求解脫]
> 천당도 즐기지 않나니[不樂天堂]
> 다만 능히 한 생각에 무념으로 돌아가면[但能一念歸無念]
> 높은 걸음 비로정상을 가도다[高步毘盧頂上行].

이 게송에서 분주하게 움직이지만 청정부동하여 조금도 움직이지
않는 것이 바로 마음이다. 청정부동한 마음이 '진공'이라면, 분주함
은 '묘유'에 해당된다. 그리고 진공이 곧 묘유이니, 분주함이 곧 청정
함이다. 몸이 아무리 분주해도 마음은 맑고 고요해 움직임이 없다. 여
기서 '비로정상(毘盧頂上)'이란 비로자나불의 정수리 위이며, 부처님
의 진신(眞身)이다. 마음이 일체 사물을 벗어나서 무엇에도 걸림 없는
본심진여의 경지에서 사물에 응하는 것을 상징하고 있다.

머무름 없는 근본으로부터 모든 법이 세워진다

마음이 텅 비어서 경계를 대하여도 거스르거나 따름이 없고 취하거나 버림이 없는 선정을 '무쟁삼매(無諍三昧)'라 한다. 아상을 없애서 모든 사물과 다투는 일이 없는 경지이다. 이러한 삼매는 '응무소주 이생기심'이 일상 속에서 무르익어 늘 한결같이 되어야만 가능한 수행의 경지이기도 하다.

문수보살이 유마힐에게 물었다.
"몸은 무엇을 근본으로 합니까?"
"탐욕을 근본으로 합니다."
"탐욕은 무엇을 근본으로 합니까?"
"허망한 분별을 근본으로 합니다."
"허망한 분별은 무엇을 근본으로 합니까?"
"전도망상을 근본으로 합니다."
"전도망상은 무엇을 근본으로 합니까?"
"머무름 없음[無住]을 근본으로 합니다."
"머무름 없음은 무엇을 근본으로 합니까?"
"머무름 없음은 그 바탕이 없나니, 문수사리여 머무름 없는 근본으로부터 모든 법이 세워집니다."

『유마경』

여래의 실상은 형상과 음성이 없으며, 마음으로 생각할 수도 없고, 식(識)으로 알 수도 없다. 이 진여자성은 경계가 아니기에, 마음 없이 깨닫지 않으면 안 된다. 능소가 없는 무념, 텅 빈 마음이라야만 자성에 계합하게 된다. 따라서 실상을 바르게 보려면 무념, 무위가 되지 않으면 안 된다고 하는 것이다. 무념, 무위의 머무는 바 없는 마음이 지극하고 한결같아질 때, 여래의 색신과 음성에서 형상도 아니고 음성도 아닌 진공무상(眞空無相)의 부처님 참법신을 보게 된다는 것이다. 이를 위해서는 색신과 음성으로 부처를 보려고 해도 안 되고, 색신과 음성을 떠나 부처를 보려고 해도 안 된다. 둘 다 모두 벗어나야 한다. 함도 집착이고 떠남도 집착이니, 모두 벗어나야 중도이고 반야바라밀이기 때문이다. 『신심명』에서 3조 승찬대사가 "세간의 인연도 따라가지 말고 출세간의 법에도 머물지 말라[莫逐有緣 勿住空忍]."라고 한 가르침이 바로 이것이다.

『금강경 오가해』에서 부대사의 게송도 이러한 이치를 잘 드러내고 있다.

색신의 상도 아니고 소리의 상도 아니니[非色非聲相]
심식이 어찌 능히 헤아릴 수 있으랴[心識豈能量]
볼 때도 볼 수 없으니[看時不可見].
이치를 깨달은즉 모습이 드러나도다[悟理卽形彰].

불법이 영원하다는 생각도 하지 말고, 마음을 어떻게 쓰려고 애쓰지도 말라고 했다. 마음은 형체가 없는데 어떻게 쓰고 말 것이 있겠는가. 다만 어떠한 집착이나 망상도 없이 배고프면 밥 먹고, 졸리면 잠자고, 일이 있으면 일하고, 없으면 쉬면 된다. '응무소주 이생기심'이 매 순간 생활 속에서 활용이 된다면 아무리 바쁘게 움직이고 눈코 뜰

새 없이 바빠도 마음은 항상 고요할 수밖에 없다. 그러면 마음은 써도 써도 쓰는 것이 아니기 때문이다.

이런 점에서 일본의 다쿠앙 소우호오(澤庵宗彭, 1573~1645) 선사가 남긴 '응무소주 이생기심'에 대한 실천적인 수행법은 바쁜 현대인들에게 더욱 시사하는 바가 많다. 다쿠앙 선사의 법문을 가슴깊이 새기며, 참으로 어디에도 머물지 않는 대자유인의 삶을 살아 보자.

> 과거에 집착하지도 말고, 미래를 걱정하지도 말라. 앞과 뒤를 끊어 버리고 오직 현재심(現在心)만이 홀로 드러나게 하라! 머물지 않는 마음이 곧 현재심이다. 현재심은 샘물과 같이 솟아 나온다.
>
> 『부동지신묘록(不動智神妙錄)』

더 이상 나아가려는 마음을 멈추는 것, 스
스로 갖추고 있음을 아는 것, 깨달음조차
구하려는 마음이 끊어진 상태, 바로 그 상
태가 만물의 본질이고 도(道)라는 것이다.

분별·집착 없는 '평상심'이 도라네

평상심이 바로 도이다[平常心是道]. 평상심이란 조작이 없고 시비도 없고, 취사(取捨)도 없고, 단상(斷常)도 없으며, 범성(凡聖) 등의 차별심, 분별심도 없는 그 마음이다.

『마조록(馬祖錄)』

"평상심(平常心)이 도(道)라네."

이 말은 불자들은 물론이고 일반인들도 흔히 쓰는 말이다. 아마도 우리가 살아가면서 한 생각을 내고 중생심으로 살아가는 생활자체가 도(道)이지, 따로 도가 없다는 뜻으로 나름대로 기억하며 사용하고 있는 구절일 것이다.

하지만 선(禪)에서 말하는 평상심은 단순히 범부의 중생심을 뜻하지는 않는다. 평상심이란 중생심을 떠나 따로 있는 것도 아니지만 보다 깊은 선 수행의 원리를 담고 있는 말이다. 이 평상심의 뜻만 제대로 알고 실천하더라도, 우리는 일상 속에서 평정심을 유지하며 희로애락에서 자유로운 삶을 살 수 있다.

우선 '평상심'이란 말을 처음으로 사용한 마조(馬祖, 709~788)선사의 법문을 들어보자.

> 도를 이루는 데 수행이 필요한 것은 아니다. 다만 더럽히지[汚染] 않도록 해야 한다. 무엇이 오염이 되는가? 생사의 마음을 일으키고, 조작하여 취향(趣向)하려고 하는 것은 모두 오염이 된다. 만약 곧바로 도를 알고자 한다면 평상심이 바로 도이다. 평상심이란 조작이 없고 시비도 없고, 취사(取捨)도 없고, 단상(斷常)도 없으며, 범성(凡聖) 등의 차별심, 분별심도 없는 그 마음이다. …… 다만 지금의 행주좌와에서 환경에 순응하고 사물을 접하는 것이 바로 도인 것이다.
>
> 『마조록(馬祖錄)』

마조선사의 평상심이란 모든 분별심이 떨어져 나간 오염 없는 청정한 '본래의 마음[本來心]'을 뜻한다. 단순히 희로애락에 물든 중생심을 뜻하지 않음을 알 수 있다. 우리는 평상심을 말하면서도 실은 분별심, 차별심, 중생심으로 살아가고 있는 셈이다. 좋고 나쁨, 아름다움과 추함, 길고 짧음, 옳고 그름 등의 세간적인 분별심은 물론이거니와 선과 악, 중생과 부처, 보리와 번뇌 등 진리를 향한 길에서도 사량·분별을 쉬지 않는다. 평상심이란 이러한 일체의 취사분별과 망상이 끊어진, 물들지 않은 무심(無心)과 다름이 없다.

'평상심이 도'가 되는 생활선은 이러한 오염 없는 청정한 본래의 평상심으로 일상생활을 지혜롭고 무애자재하게 전개하는, 자각된 마음으로 살아가는 삶이다. 기쁜 일이 오면 기쁘다는 것을 알아서 방일하지 않고, 성냄이 일어나면 화가 나는 생각을 알아차리고 다스릴 줄 알아야 한다. 슬픈 일이 생기면 슬프다고 알고 슬픔으로 마음이 상하지 않아야 하고, 즐거움과 쾌락이 넘쳐나면 그것을 바로 보고 절제할 줄 알아야 한다. 평상심을 생활화하면 이른바 어느 것으로부터도 치우침이 없는 중도(中道)의 생활을 할 수 있을 것이다.

고인들은 일부러 조작하지 않고 쉬면 본래심(本來心)의 작용이 저절로 드러나서 따로 부처를 찾을 일이 없다고 했다. 일부러 조작하지 않으면 평상시의 모든 일이 다 불법(佛法)의 드러남, 즉 불성(佛性)의 작용이란 말이다.

고인들은 모든 것은 공(空)하여 사라질 수밖에 없는 무상한 것이기에 집착하지 말라고 당부했다. '그물에 걸리지 않는 바람처럼[處世間 如虛空], 진흙에 물들지 않는 연꽃처럼[如蓮華 不着水], 청정한 마음으로[心淸淨]' 세간에서 살기를 발원하는 축원문도 이런 뜻을 담고 있다. 무엇보다 집착심, 분별심을 버린다면 언제 어디서나 고요하고 편안하게 삶을 관조하며 살 수 있게 된다.

『조주록』에 나오는 조주 – 남전 선사의 문답을 통해 '평상심'을 한 단계 깊이 음미해 보자.

조주스님이 남전스님에게 물었다.
조주: 도란 어떤 것입니까?
남전: 평상시 마음이 도이다.
조주: 그것을 향하여 나아가도 좋습니까?
남전: 헤아린즉 어그러진다.

조주: 헤아리지 아니하고 어찌 도를 알겠습니까?

남전: 도는 안다든가 모른다든가 하는 것과 전혀 관계가 없다. 안다고 하는 것은 망각(妄覺)이고, 모른다고 하는 것은 무기(無記)이다. 만일 참으로 헤아림이 없는 도에 도달하면 마침내 허공과 같이 말끔하게 공한 것이다. 어찌 가히 무리하게 옳다 그르다 하겠느냐.

조주스님은 말끝[言下]에 속 깊은 뜻을 깨닫고 마음이 마치 밝은 달과 같아졌다.

조주스님이 남전스님의 법을 듣고 깨달음을 얻었을 때의 문답이다. 조주스님은 "어떤 것이 도(道)인가?" 하고 물었는데, 여기에 남전스님은 평상시 마음이 곧 도라고 대답했다. 조주스님이 그 평상심을 의지하여 수행하면 되냐고 물으니, 남전스님은 이렇게 하겠다, 저렇게 하겠다 헤아리면 즉시 어긋난다고 말한다. 헤아림은 그것 자체가 동요요, 번뇌이기 때문이다. 한 생각도 일어나지 않아야 참 고요이자 부처님의 마음이라 할 만하다. 남전선사는 만일 모든 것을 놓아버려 있는 그대로 만족하고, 더 이상 찾고 구할 것도 없이 평온한 마음이 되어 사량·분별심이 없는 상태에 도달하면, 허공과 같이 말끔하게 공(空)한 도의 세계에 들어간 것이라고 일깨운다.

이러한 문답 끝에 조주스님은 비로소 깨달음을 얻는다. 더 이상 나아가려는 마음을 멈추는 것, 스스로 갖추고 있음을 아는 것, 깨달음조차 구하려는 마음이 끊어진 상태, 바로 그 상태가 만물의 본질이고 도(道)라는 것이다. '평상심이 바로 도'이며 '일상사 그대로가 도'임을 강조한 법문은 임제선사의 어록에서 특히 더욱 강조되고 있다.

도 배우는 이들이여! 부처님 법은 애써 공부할 것이 없다. 그저 평상시대로 아무 일 없으면 된다. 똥 싸고 오줌 누며, 옷 입고 밥 먹으며, 피곤하면 눕는다. 어리석은 사람은 나를 비웃겠지만 지혜로운 이는 알 것이다. 옛사람이 말하기를 밖으로 공부하는 사람은 도대체 바보들이라고 하였다. 그대들이 어디를 가나 주인공이 되기만 한다면 선 자리 그대로가 참되어서 경계가 다가온다 하여도 그대들을 어지럽히지 못한다. 설령 묵은 습기(習氣)와 5무간죄의 업보가 있다 하더라도 그것 자체가 큰 해탈 바다가 된다.

『임제록』

임제선사에 따르면 불법은 따로 있지 않아서 일상사가 그대로 불법이다. 하지만 우리는 평상시에 아무 일 없이 살지는 못한다. 밥 먹을 때, 이것저것 더 맛있는 것을 찾고, 잠잘 때 편히 잠들지 못하고 악몽을 꾼다. 쉴 때 제대로 못 쉬고 온갖 걱정으로 시간을 보내는 반면, 부지런히 일해야 할 때 잡생각을 하고 놀 궁리만 한다. 그러기에 평상심을 입으로만 말할 뿐 중생심으로 사는 것이다.

일상사 그대로가 불법이니 평상심으로 살자

임제선사는 중생의 이런 마음을 알고 평상심으로 살 수 있는 방편을 제시한다. '매사에 주인공이 되라.', 즉 일상사의 경계에 끌려가지 말고 끌고 가라는 가르침이다. 조주선사가 말하는 '24시간을 부리는 사람'도 같은 의미이다.

예를 들어, 회사의 간부나 남편이 욕설을 하면 우리는 자존심이 상해 분노를 일으키는데, 이것은 경계에 끌려가는 것이다. 그러나 주인이 되어 살 줄 아는 사람은 욕설이 본래 없고, 언짢은 마음도 본래 없음을 알기에 분노를 일으키지 않는다. 기타 희로애락의 감정에 대해서도 여여한 것은 마찬가지이다. 자기 삶의 주인이 되지 못하고 안과 밖의 경계에 끌려가면 노예 아닌 노예의 삶에서 벗어날 수 없다. 참선 공부하는 이라면 이 원리를 알기에 매 순간 어디에서나 주인이 되어 진리를 실현하고 평상심으로 자유로운 삶을 살 수 있어야 하겠다.

"도(道)는 일상생활 하는 곳[日用處]과 행주좌와(行住坐臥) 가운데 있다."라는 금오(金烏, 1896~1968)스님의 법문을 들어보면 24시간이 참선이 되는 도리를 엿볼 수 있다.

마음 향하는 곳을 향해서 마음을 붙들어 내라.
어떤 곳이 마음 향하는 곳이냐?
밥 먹고 옷 입는 곳이 마음 향하는 곳이니, 밥 먹고 옷 입는 곳에서 마음을 붙들어 내라.
가고 오는 곳이 마음 향하는 곳이니, 가고 오는 곳에서 마음을 잡아내라.

보고 듣는 곳이 마음 향하는 곳이니, 보고 듣는 곳에서 마음을 발견하라.
시비하는 곳이 마음 향하는 곳이니, 시비하는 곳에서 마음을 만나라.
일용처(日用處)와 행주좌와(行住坐臥)에 있다.
밖으로 구하지 말라.
생각 생각과 일체 행동이 마음으로 비롯하여 향하는 것이니,
마음 향하는 바를 따라서 구비구비 샅샅이 찾아보라.
멀리 있지 않고 오직 직하(直下)에 있다.

『금오집(金烏集)』

진리는 먼 곳에 있지 않다. 일상사 가운데, 그중에서도 우리 마음 향하는 곳에 있다. 일체처 일체시에 무심(無心)하게 사물을 대한다면 우리의 자성은 맑은 호수처럼 흔들림 없이 또렷또렷하게 사물을 비쳐낼 것이다. 혜능스님이 『육조단경』에서 "모든 법을 보되 모든 법에 물들거나 매달리지 않으며, 모든 곳에 두루하되 모든 곳에 끄달리지 말라."라고 설한 것도 평상심으로 살면 매사에 집착 없이 자유를 누릴 수 있다는 가르침이다.

우리는 지금 24시간을 부리며 살고 있는가, 아니면 끌려가고 있는가? 매순간 마주한 일에서 주인이 되어 평상심으로 임한다면 매순간이 기적이요, '날마다 좋은 날[日日是好日]'이 되지 않을까. 이렇게 생활 가운데 평상심을 실천하는 공부를 해 나간다면 따로 화두를 들 것도 없이, 어느 순간 무위진인(자성)과 하나 되어 있는 자신을 발견하게 될 것이다.

구함이 없으면 해탈이다

살아 있는 것에 대한 만족…… 행복…… 아니 감사.
산다는 일, 호흡하고 말하고 미소할 수 있다는 일은 귀중한 일이다.
그 자체만으로도 의미 있는 일이 아닌가.
지금 나는 아주 작은 것으로 만족한다.
한 권의 새 책이 맘에 들 때, 또 내 맘에 드는 음악이 들려 올 때, 또
마당에 핀 늦장미의 복잡하고도 엷은 색깔과 향기에 매혹될 때, 또 비
가 조금씩 오는 거리를 혼자서 걸었을 때, 나는 완전히 행복하다.
맛있는 음식, 진한 커피, 향기로운 포도주, …… 햇빛이 금빛으로 사치
스럽게 그러나 숭고하게 쏟아지는 길을 걷는다는 일, 그것만으로도 나
는 행복하다.

『그리고 아무 말도 하지 않았다』 의 '긴 방황' 중에서

31세의 젊은 나이에 요절한 천재 작가 전혜린(1934~1965)의 작품
이다. 그는 자아에 대한 열렬한 몰두, 절정의 순간에 대한 탐닉, 정체
모를 불안과 절망, 이 모든 것들에 뜨거운 열정을 쏟았던 '광기의 천
재' 로 오늘날까지 회자되고 있다. 불꽃처럼 짧고도 화려했던 그의 삶
은 마치 방황하는 현대인들의 자화상처럼 40~50대의 뇌리에 깊이
박혀 있다. 하지만 그가 쓴 에세이 곳곳에는 삶에 대한 감사와 찬미,
행복의 글이 적지 않아 그의 자살동기는 여전히 미스터리로 남아있
다. 위의 에세이처럼 생활 속에서 작은 기쁨을 누리며 안분지족의 삶
을 살았던 그녀가 자살을 선택할 수밖에 없었던 것은 참으로 아이러
니가 아닐 수 없다. 아마도 '절대의 세계' 를 동경하고 평범을 거부한

그의 생래적인 정신적 욕구불만의 표출이 아니었을까 추측할 뿐이다. 하지만 그의 고민과 좌절은 자신의 근본을 탐구하는 모든 사람의 본래적인 충동이라 해도 과언이 아닐 것이다. 오늘도 도시의 거리와 지하철, 명산의 토굴에서는 '도(道)를 찾는' 구도자들의 타는 목마름이 이어지고 있는 것처럼 말이다.

그러나 이런 구도의 여정에도 중요한 원칙이 있음을 알아야 한다. 목적지와 이정표를 어느 정도는 제대로 알고 가야 하는 난코스이기 때문이다. 자칫하면 미신과 광신의 덫에 걸려 타인을 구제하기는커녕 자신도 구제 못하는 불치의 병에 걸릴 수도 있다. 깨달음을 추구하던 구도자가 어느새 미혹의 탈을 쓰고 혹세무민(惑世誣民)의 길을 걷는 경우를 우리는 흔히 보고 있지 않는가.

물론 여기에는 스님들도 예외가 될 수 없다. 수행과정에서 얻어지는 크고 작은 경계에 속아 도인을 자처하고 '나는 깨달았다.' 라고 은연중에 과시하는 착각도인들이 적지 않은 것이 현실이다. '나는 깨달았다.', '나는 도인이다.' 라는 상(相)에 사로 잡혀 거기에서 벗어나지 못하는 한 아직 그는 범부의 삶을 벗어나지 못하고 있음을 부처님과 조사님들은 얼마나 고구정녕히 일러주었던가. 완전한 대자유의 길은 깨달음에 대한 집착과 환상, 깨달음에 대한 고정관념과 개념조차 용납하지 않는 말쑥한 자리이다. 구도의 목표와 그 이정표에 대해서는 많은 선지식들이 무수한 어록을 통해 자신의 체험을 드러내지 않았던가. 우리 후학들은 선배제현의 시행착오를 보고 어리석음을 반복하지 않고 지름길을 간다는 생각조차 일으키지 않으며, 가는 길을 묵묵히 걸어가면 되는 것이다.

그렇다면 어떻게 길을 가야 하나? 먼저 임제종과 조계종의 종조인 임제선사의 이야기를 들어보자.

그대들이 할아버지 부처님과 더불어 다르지 않고자 한다면 다만 밖으로 구하지 말라[祖佛不別 但莫外求]. 그대들의 한 생각 마음의 청정한 빛은 그대들 집안의 법신불이다. 그대들 한 생각 마음의 분별없는 빛은 그대들 집안의 보신불이다. 그대들 한 생각 마음의 차별 없는 빛은 그대 집안의 화신불이다. 이 세 가지의 몸은 그대들이 지금 내 앞에서 법문을 듣고 있는 바로 그 사람이다[卽今目前 聽法底人]. 다만 밖을 향해 헤매면서 찾지만 않으면[不向外馳求] 이런 공용이 있다.

『임제록』

여기서 임제선사는 도를 찾아 밖으로 돌아다니지 말라고 하시니 어찌된 것일까. '다만 밖으로 구하지만 않으면' 이미 조사와 다르지 않다고 하지 않는가. 그렇다면 그 오랜 역사 속에서 도를 찾아 수 천리, 수만 리를 헤매던 선배 구도자들은 과연 쓸 데 없는 일을 했다는 말인가?

임제선사는 우리가 가진 청정한 자성, 분별없는 마음, 차별 없는 한 생각이 바로 우리가 그토록 찾던 찾는 법신불·보신불·화신불이라고 밝히고 있다. 그래서 '다만 밖을 향해 헤매면서 찾지만 않으면' 부처와 같은 공용이 있다는 설법이다. 우리가 찾는 깨달음이 저 산속의 도인에게, 인도의 구루에게만 있는 것이 아니라 우리의 청정하고도 분별없는 마음속에 갖추어져 있다는 천둥 같은 법문인 것이다.

이는 '마음이 곧 부처[卽心卽佛]다.' 라고 귀가 닳도록 외치며 주먹질, 발길질을 했던 마조대사의 법문과 다를 바 없다. 하지만 우리는 이런 법문을 듣는 순간, 곧바로 믿지 못하고 남의 일처럼 외면하면서 다시 "어디에 한 소식한 도인이 없나?" 하며 밖으로 찾아 나선다. 어쩌면 수행의 가장 중요한 원칙이 너무나 귀에 익다 보니, 오히려 간과되고 있다고나 할까. 하지만 밖으로 찾는 갈망과 분별심을 쉬지 않는 한 참된 수행의 길에는 아직 입문도 하지 못한 것이니 어찌하겠는가.

지금 법문을 보고 듣는 '거시기'를 자각하라

임제선사는 밖으로 모든 이목을 집중한 수행자들에게 지금 법문을 보고 듣는 그 사람(본래면목, 거시기)을 자각하라고 강조한다. 수행의 목적은 바로 이 법을 듣고 있는 청법인(聽法人) 또는 의지함이 없는 무의도인(無依道人), 지위가 없는 무위진인(無位眞人)이라고 불리는 '참사람[性品]'을 자각하는 일이라고 역설하고 있는 것이다. 임제선사가 만법의 근원인 이 참사람을 '지금 눈앞에서 듣고 말하는 작용[卽今目前現用]'이라고 밝히고 있음에 특별히 주목해야 한다. 부처도 조사도 이 참사람이 짓고 중생도 구도자도 참사람이 만든다는 말인데, 놀랍지 않은가. 이 참사람은 조금의 부족함도 없이 완전하며 생겨나거나 사라지는 것이 아니어서, 만법은 참사람에 의지하고 있지만 참사람은 어디에도 의지하지 않는다는 것이다. 한 마디로 구도자들이 찾는 '궁극의 거시기'가 그것을 찾고 있는 자기 자신에게 있다는 선언이다. 여기서 깊이 믿고 충격을 받아서 큰 가치관의 변화가 일어나야 함은 물론이다. 그것이 임제선사가 의도한 노림수일 테니까.

이제 임제선사가 말한 참사람(불성)에 대해 좀 더 알아보자.

도를 배우는 여러 벗들이여! 산승의 견해에 의지한다면 그대들도 석가와 더불어 다름이 없다. 오늘 여러 가지로 작용하는 곳에 모자라는 것이 무엇인가? 여섯 갈래(안·이·비·설·신·의)의 신령스런 빛이 잠시도 쉰 적이 없다. 만약 이와 같이 이해한다면 다만 '한평생 일 없는 사람[一生無事人]'일 뿐이다.

『임제록』

6근을 통해 활발하게 작용하는 이 참사람은 한 순간도 쉰 적이 없다. 6근을 통해 보고 듣고 하는 이 작용이 바로 부처님의 신통한 묘용과 다를 바 없다는 것이다. 임제선사는 이 사실을 가슴 깊이 자각하면 단지 한 평생 일 없는 사람일 뿐 달리 '부처다, 조사다.'라고 할 것이 없다고 당부한다. 그래서 임제선사는 "그대들은 바쁘게 제방을 쏘다니며 무엇을 구하느라고 발바닥이 부르트도록 걸어 다녔는가?"라고 안타까운 심정으로 반문하고 있는 것이다.

임제선사는 여기서 한 발짝 더 나아가 "부처는 구할 수 없고, 도는 이룰 수 없으며, 법은 얻을 것이 없다."라고 잘라 말하고 있다. 설상가상이 아닐 수 없다. 하지만 이 말은 『금강경』에서 아뇩다라삼먁삼보리는 '정해진 바가 없고[無有定法]', '얻을 바가 없는[無所得法]' 것임을 밝히고 있는 점과 다를 바 없는 가르침이다. 다만 경전에 나오는 다 아는 이런 설법을 자상히 설해 주건만 믿지 못할 뿐이다. 수행자들은 '본래 한 물건도 아닌 그것[本來無一物]'을 손아귀에 잡기 위해 오늘도 무진 애를 쓰던 오래된 버릇을 쉽사리 버리지 못하기 때문이다. 볼 수 없고 들을 수 없는 것을 보고 듣기 위해 안간힘을 쓰다 보니 위장병과 상기병과 같은 수행병까지 생긴다. 한 물건도 없는 도리를 알고서 헛되이 찾고 조작하는 일을 쉬고 6근을 통해 작용하는 그 당처를 자각해야 함에도 불구하고, 깨달음을 대상화하다 보니 이런 현상이 나타나는 것이다. 이런 수행자의 자가당착을 젊은 시절의 시행착오를 통해 겪은 임제선사는 다시금 친절하게 또 하나의 힌트를 준다.

그대들의 본래 마음을 알고자 하는가? 함께 있는 것도 아니고 떠나 있
는 것도 아니다. 도를 배우는 벗들이여, 참된 부처는 형상이 없고, 참된
도는 실체가 없으며, 참된 법은 모양이 없다.

『임제록』

임제스님에 따르면 모든 경계는 참사람에 의존하고 있지만, 참사람
은 어떻게 정의할 수 있는 경계가 아니다. 참사람은 활발하게 움직여
서 수만 가지 경계를 펼치지만, 모양도 없고 뿌리도 없고 머무는 곳도
없고 작용하는 곳도 따로 없으므로, 육근을 통해 찾을 수는 없다. 참
사람은 오히려 지금 육근을 통하여 보고 듣고 하는 작용(作用)임을 알
아차려야 한다. 밖으로든 안으로든 대상으로서의 참사람을 인식할 수
는 없지만, 참사람은 지금 분명히 보고 듣고 하며 살아 있는 그 '무
엇'임을 순식간에 직관(直觀)하는 일이 관건이다. 여기에는 화두니,
공안이니 하는 방편보다는 직접적인 체험이 문제될 뿐이다. 그래서
말끝에 단박 깨쳐서 세계관이 완전히 바뀐다면 따로 수행을 요하지
않는다고 조사들은 강조했던 것이다.

이미 완전하게 구족하고 있는 자성을 반조하라

이처럼 구도자 스스로가 삼계(三界)의 근원이고 불법(佛法)의 종착역임에도, 자기를 믿지 못하고 밖으로 의지처를 찾아 헤매고 있으니 깨닫는 일은 '나귀 해'(나귀 해는 12지(支)에 없는 해다)를 기다려야 할 정도로 요원한 일이 되었다. 이처럼 헤매는 수행자들은 대개가 옛사람이 가르친 말을 잘못 헤아려서 나름대로 이론을 세우고는 그것에 집착하고 의지하는 버릇이 있다. 하지만 그것을 벗어나서는 어찌할 바를 모르고 다시 또 다른 의지처를 찾아 허둥대니 안심(安心)을 얻을 날이 없는 법이다. 이것은 마치 제 머리가 멀쩡하게 있는데도 제 머리를 믿지 못하고 밖으로 머리를 찾아다닌 연야달다의 미친 짓거리만큼이나 어리석은 일이다. 그래서 임제선사는 "그대가 말 끝에 곧 '스스로 마음의 빛을 되돌려 비추어 보아서[廻光返照]' 다시는 따로 찾지 않고, 스스로의 몸과 마음이 조사나 부처와 다르지 않음을 안다면, 그 즉시 아무 일이 없을 것이니, 바야흐로 법을 얻었다고 할 만하다. 그러므로 조사나 부처와 다름이 없고자 한다면, 다만 밖으로 찾지 말라."라고 신신당부 하였던 것이다.

스스로를 의심하고 믿지 못하는 가장 큰 원인 중 하나는 남에게 속아서 끄달려 다니는 것이라 볼 수 있다. 남에게 속아서 끄달리는 것을 임제선사는 인혹(人惑)이라고 했다. 부처에게 끄달리고, 조사에게 끄달리며, 선지식에게 끄달리면서 자신을 믿지 못하는 병이다. 그러므로 스스로를 믿어 여법(如法)하기를 바란다면 남에게 속아서 매여다니기를 당장 그만두어야 한다. 남에게 속지 않아야 '이르는 곳마다 주인공이 되고 선 자리가 모두 진실하게 되는 것[隨處作主 立處皆眞]'이다.

부처니 조사니 선지식이니 하여도 모두가 하나의 경계일 뿐이다. 모든 경계는 경계를 보고 있는 자신에게 의지하여 건립되는 것이다. 그런데도 스스로를 의심하고 믿지 못한다면 곧 선지식이 마구니가 되어 마음속으로 들어올 것이다. 때문에 임제선사는 "마음속에서나 밖에서나 만나는 것은 즉시즉시 모조리 경계임을 간파(看破)하여 끄달리지 않도록 해야 한다. 부처를 만나면 부처라는 경계를 간파하고, 조사를 만나면 조사라는 경계를 간파하고, 나한을 만나면 나한이라는 경계를 간파하고, 부모를 만나면 부모라는 경계를 간파하고, 권속을 만나면 권속이라는 경계를 간파해야, 비로소 해탈하여 사물에 구속받지 않고 벗어나 자재(自在)하게 된다."(임제록)라고 한 것이다.

이른바 살불살조(殺佛殺祖)의 가르침은 부처와 조사라는 고정관념과 선입견, 분별심, 집착을 타파하라는 것이지 부처와 조사를 죽이거나 무시하라는 망언이 아님은 물론이다. 임제선사는 이 대목에서 "설혹 부처와 법이 있다 하더라도 그것은 모두 명칭과 말과 문장일 뿐이다. 어린아이들을 달래기 위한 것이다. 병에 따라 쓰는 약일 뿐이다."라고 일깨우고 있다. 따라서 수행자는 말 따라 다니는, '흙덩이를 쫓는 똥개[韓擴逐塊]'가 되어서는 안 된다. 대장부라면 마땅히 '흙덩이를 던진 사람을 당차게 물어버리는 사자[獅子咬人]'가 돼야 한다. 문자와 관념에 매달리지 말고 근본을 꿰뚫는 지혜를 발견해야 한다. 구도자라면 사자의 기상으로 용기 있게, 벌어진 모든 현상의 당처를 끈질기게 물고 늘어지는 근성이 필수적이다.

밖으로 찾지 말고 이미 완전하게 구족하고 있는 자성(自性)을 자각하라는 가르침은 역대 선사들의 한결같은 지침이다. 조사선을 일으킨 일자무식의 선지식 혜능선사의 법문은 처음부터 끝까지 녹음기를 틀듯이 같은 소리를 되뇌고 있다.

보리자성(菩提自性)이
본자청정(本自淸淨)하니
단용차심(但用此心)하면
직료성불(直了成佛)하리라.

『육조단경』에 나오는 혜능선사의 이 한마디 속에 불교의 대의와 참선의 도리가 다 들어있다 해도 과언이 아니다. 보리자성은 우리에게 구족되어 있는 깨달음의 자리, 참마음의 자리를 말한다. 참마음은 도를 닦고 참선을 해서 얻어지는 것이 아니라 본래부터 청정하다는 말이다. 청정하다는 말은 모든 번뇌·망상이 본래부터 없어 자아가 텅 비어버린 그러한 성품자리를 말한다. 또한 텅 비었지만 일체의 공용(功用)이 원만하게 구족돼 있는 그런 자리이다. 이를 일러서 '보리자성이 본자청정하다.' 라고 하는 것이다. 비었다는 부정 속에 구족했다는 긍정이 포함돼 있다. 부정과 동시에 긍정이고, 긍정과 동시에 부정인 존재의 원리가 살아 숨 쉬고 있는 셈이다.

'단용차심하면 직료성불하리라.' 이와 같은 참마음으로 살게 되면 곧바로 깨달음의 삶을 살게 된다는 말이다. 먼 훗날이 아니라 지금 바로 깨달음의 삶, 부처님의 삶, 자유자재한 해탈의 삶을 살게 된다는 말이다.

이처럼 올바른 조사선의 참구를 위해서는 '바른 안목'을 갖는 일이 가장 중요하다. 이를 '진정견해(眞正見解)'라고 하는데 참되고 바른 견해만 가지면, 나고 죽음의 생사에도 자유자재하고, 가고 머무름에도 자유로워 대조화와 절대평안의 참다운 삶을 살 수 있는 밑천이 되는 것이다. 오늘날 많은 수행자들이 진정견해를 갖지 못하는 것은 자기 자신을 믿지 않기 때문이다. 이 믿음이 서지 않으면 참선뿐만 아니라 모든 수행의 기초를 마련할 수 없다.

혜능선사는 아직도 참마음을 믿지 못하는 이들을 위해 자성이 참부처임을 '자성진불게(自性眞佛偈)'를 통해 간곡히 전하고 있다.

음란한 성품이 본래 깨끗한 성품의 씨앗이요 음란함을 없애면 곧 성품의 몸이니, 성품 가운데서 각각 오욕을 떠나면 견성이 찰나이고 곧 참 사람이다. 금생에 만약 돈교(頓敎)의 문을 만나면 홀연히 자성을 깨달아 세존을 보지만, 만일 수행하여 부처님을 찾으려 하면 어느 곳에서 참을 구하는지 모르겠네. 밖으로 찾지 말라. 만일 마음 가운데 스스로 참을 본다면 참이 곧 성불하는 원인이라. 자성을 보지 못하고 밖으로 부처를 찾으면 마음을 일으킴이 다 크게 어리석은 사람이라. 돈교 법문을 이제 남겨두니 세상 사람 제도할 때 모름지기 스스로 닦게 하라. 장차 도 배우는 수행자에게 알리는데 이 소견을 짓지 아니하면 크게 멀고 멀어진다.

『육조단경』

『증일아함경』에는 세 가지 삼매에 대한 설명이 나온다. 그것은 공삼매(空三昧), 무원삼매(無願三昧), 무상삼매(無相三昧)이다. 모든 것이 다 공하다고 살피는 것이 공삼매요, 모든 법은 전혀 생각할 수 없

고 볼 수도 없다는 것이 무상삼매이며, 그 어떤 법도 원하거나 구하지 않는 것이 무원삼매이다. 부처님께서는 "이 세 가지 삼매를 얻지 못하면 영원히 생사의 굴레를 벗어나 스스로 깨닫지 못할 것이다."라고 설하고 있다.

『대품마하반야바라밀경』에도 "능히 모든 것이 공(空), 어떤 특징도 없음[無相], 원할 것이 없음[無願], 생기는 바도 없고 없어지는 바도 없다는 가르침 및 일체종지(一切種智)를 설하여 사람들에게 즐거움과 믿어서 기쁜 마음이 일어나게 하는 이를 선지식이라 한다."라고 세 가지 삼매를 설하고 있다.

이 가운데 우리는 '그 어떤 법도 원하거나 구하지 않는' 무원삼매(無願三昧)를 기억해야 한다. 특히 삼매는 그 자체가 수행의 목적이자 과정임을 유념해야 한다. 깨달아서 무원삼매를 증득하는 것이기도 하지만, 동시에 무원삼매를 닦아야 깨닫는 것이기도 하다. 왜냐하면 우리의 자성에는 이미 부처님과 같은 지혜와 덕상을 구족하고 있기 때문이다. 그러한 대신심과 발심을 전제로 한 수행자는 더 이상 밖으로 헤매거나 찾지 않는다. 그러한 행위가 도리어 자성을 물들게 하는 부질없는 망상임을 알기에 본래청정한 참사람을 자각하고 일상 중에서 걸림 없이 '부처님의 행[佛行修行]'을 닦는 것이다.

밖으로 찾고 구하는 것은 또 다른 미망의 시작

3조 승찬대사의 『신심명』에 '호리유차(毫釐有差)면 천지현격(天地懸隔)'이라는 구절이 있다. 털끝만큼이라도 차이가 있으면 하늘과 땅 사이로 벌어진다는 뜻이다. 자심(自心)이 부처임을 믿지 못하는 한, 어떤 고행과 용맹정진을 하더라도 그것은 수행이 아니라 망상일 뿐이다. 반대로 찾아보면 '한 물건'도 없지만 우주를 들였다 내었다 하는 청정자성을 확신하고 사는 삶은 행주좌와 어묵동정의 일상사 그대로가 수행이요, 불사(佛事)가 된다. 한 마디로 출발을 잘못하면 서울로 가는 것이 아니라 삼천포로 가는 형국이 됨에 유의해야 한다.

아직도 자신감이 없는 수행자들은 『신심명』에서 승찬대사가 한 말에 용기를 가져도 된다. "지극한 도는 어렵지 않다. 취하고 버리는 마음과 미워하고 사랑하는 마음만 버리면 통연히 명백해지리라."라고 했기 때문이다. 역대의 조사들은 '깨닫기가 세수하다 코 만지기보다 쉽다.'라고 한 이도 있고 평생의 용맹정진을 통해 견성한 이도 있다. 심지어 남방불교의 수행자들은 억겁을 윤회하며 닦아야 부처가 된다고 보기도 한다. 사실 여기에 매우 중요한 원리가 있다. 수행과 깨달음이 쉽고 어렵다고 하는 것은 수행자 스스로의 생각에 의해 결정된다는 사실이다. '삼계유심 만법유식(三界唯心 萬法唯識)'이니 한 생각을 어떻게 일으키느냐에 따라 깨달음의 결과 역시, 하늘과 땅만큼의 차이가 나고 마는 것이다.

흔히 수행자들은 일반인들에게 '일체유심조(一切唯心造)'라는 구절을 들먹이며 마음의 위대한 힘을 강조하면서도 정작, 자신의 일대사를 해결하는 일에 있어서는 마치 남의 말처럼 소홀히 하고 마는 경우를 본다. 정작 이 '일체유심조'라는 말 속에 깨달음의 모든 비밀이 들어있는데도 말이다.

모든 것이 편리해진 요즘, 깨달음을 말한 책들은 널려있고 선사들의 법문은 오디오와 비디오를 통해 다량으로 유통이 되건만 깨달음의 생활과는 더욱 멀어지는 것은 왜일까. 많이 보고 들어서 아는 것은 고인들에 비해 훨씬 많건만, 눈곱만큼도 믿음과 확신이 없어서 수행의 진보가 일어나지 않는 것이다.

신위도원공덕모(信爲道源功德母)이며
장양일체제선근(長養一切諸善根)이로다

믿음은 진리의 근원, 공덕의 어머니며
길이 모든 선업의 뿌리를 영원히 키운다.

수십 년을 좌선했건만, 아직도 처음 좌복 위에 앉았을 때처럼 아무런 변화도 일어나지 않은 수행자들은 위의 『화엄경』 법문을 비통한 심정으로 곰곰이 되씹어 보시기 바란다. 진리와 스승에 대한 100%의 확신으로부터 모든 변화가 시작된다는 사실을…….

깨달음은 늘 지금 여기서 함께 하는 것이
기에, '얻을 수 없고[無所得法]' '정할 수
있는 것이 아님[無有定法]'을 알고, 늘 무
심한 가운데 닦음이 없이 닦아야 하는 것
이다.

지금 이 순간을 '영원한 현재'로 살라

태어나면 죽어야하는 무수한 형태의 생명체 너머에는 영원한 '오직 하나의 생명'이 자리한다. 그것은 저 너머에 있을 뿐만 아니라 모든 생명체 안에도 깃들어 있다. 우리들 각자에게는 눈에 보이지 않고 영원히 부수어지지 않는 '영원한 생명'이 깃들어 있는 것이다.

우리는 지금이라도 당장 가장 깊은 곳에 있는 우리 자신, 우리의 진정한 본질에 접근할 수 있다. 그러나 이를 생각으로 이해하려고 하면 안 된다. 이해하려고 하지 말라. 생각이 정지되었을 때만 그 본질을 알 수 있다.

지금 이 순간에 충만하게, 강렬하게 집중하고 있을 때만이 진정한 '존재' 상태를 느낄 수 있다. 마음의 헤아림으로는 그것을 이해할 수 없다. 그러한 '있음'의 상태에 활짝 깨어있으면서 그 느낌, 그 앎에 머무는 것이 밝은 '깨달음'의 상태라고 할 수 있다.

『지금 이 순간을 살아라』

몇 년 전, 국내에서도 입소문으로 베스트셀러가 된 에크하르트 톨레의 『지금 이 순간을 살아라』의 한 구절이다. 어느 수행자의 추천으로 처음 이 책을 접했던 필자는, 전혀 다른 문명권에서 살아 온 한 서양의 명상가가 쏟아내는 체험의 목소리가 선(禪)의 그것과 너무나 흡사하다는 데 적지 않은 충격을 받았다. 크리슈나무르티, 라즈니쉬 등 당대를 풍미한 세계적인 명상가들이 다소 장황한 설명과 언변으로 깨달음의 미학을 펼치면서도 뭔가 부족한 2%로 선(禪) 수행자들에게는 어필하지 못한 것과 달리, 에크하르트 톨레의 체험에서 우러난 간결한 언어들은 참선 공부인들에게 시사하는 바가 적지 않은 듯하다. 물론 선종의 공안을 들이대어 답을 들어 보면 좀 더 확실하게 그의 깨달음의 깊이를 정확히 가늠할 수 있겠지만, 수행자들의 공부 길을 안내하는 길잡이로서는 보기 드문 방편을 제시하고 있다는 느낌이다.

이 책은 물질적인 풍요의 혜택을 받고 있지만 늘 마음 한 구석은 허전하고 공허한 현대인들의 마음을 어루만져주고, 더 나은 삶을 살도록 변화시키는 힘을 가지고 있다는 평가를 받고 있다. 특히 인간 의식의 심오한 변화와 머나먼 미래의 일이 아닌 '지금 여기'에서 창조할 수 있는 변화에 대해 일관된 목소리를 낸다는 점은 선(禪)과 매우 유사한 관점을 제시하고 있다. 어떻게 하면 마음의 노예가 되지 않고 우리 자신을 자유롭게 할 수 있을 것인가, 어떻게 하면 나날의 삶 속에서 선연한 깨달음의 상태를 유지할 수 있을 것인가? 이런 질문에 대한 해답뿐 아니라 수행자 스스로 시간도 공간도 없는 '지금 여기'에서의 현존 상태에 강하게 집중하도록 함으로써, 깨달음의 맛이 어떤 것인지 직접 맛보도록 하기 위해 애쓴 흔적이 역력하다.

라즈니쉬 사후, 떠오르고 있는 인류의 영적 교사 중의 한 사람으로 꼽히는 에크하르트 톨레는 스물아홉 살의 어느 날, 캄캄한 절망의 나락에서 깨달음을 체험한 후 여느 명상가들처럼 선(禪)에 대해 탐구하기 시작했다고 한다. 그는 불교 철학과 여러 명상법 등을 배우고 익히며 열정적인 내면 여행의 시발점이 되었던 그 변화를 이해하고 종합하는 데 깊이 몰두해 왔고, 1996년 이후 캐나다의 밴쿠버에 살면서 책을 집필했는데, 이 책을 통해 처음으로 그의 가르침이 세상에 널리 알려지게 되었다.

그럼, 에크하르트 톨레의 체험과 선(禪)이 공통적으로 말하고 있는 '지금 여기'에서의 깨달음은 어떠한 것인지, 선종의 공안을 통해 하나하나 알아보자.

> 지장(地藏)선사가 수산주(修山主)에게 물었다.
> "어디에서 왔는가?"
> "남방에서 왔습니다."
> "요즘 남방의 불법은 어떠한가?"
> "대단합니다."
> "아무리 그래도 내가 여기에서 씨를 뿌리고 밥 먹는 것만 할까 보냐."
> 그러자 수산주가 물었다.
> "그러면 세상을 벗어나는 일은 어찌 하렵니까?"
> 지장이 되물었다.
> "그대가 말하는 세상을 벗어나는 일이란 도대체 무엇인가?"
>
> 『송고백칙』

이 공안에 등장하는 지장은 지장계침(地藏桂琛)선사로서 법안종의 개조인 법안문익선사의 스승이다. 수산주는 지장선사의 제자인 용제소수(龍濟紹修)로서 남방에서 참선·만행하고 돌아온 뒤 남방의 선법을 은근히 자랑하면서 문답에 임하고 있다.

수산주는 남방의 선법에 무언가 대단한 것이 있다는 생각으로 답변하고 있지만, 지장선사는 여지없이 그런 착각을 뭉개버린다. 일상의 생활에서 자신처럼 봄이면 씨 뿌리고 가을이면 수확해서 밥 먹는 일이 무엇보다 중요한 일이라고 말한다. 이에 수산주는 밥이나 먹고 살아가는 범부와 같은 행으로는 삼계를 벗어나기 어려운 것이 아니냐는 투로 되묻는다. 지장선사는 그 말을 듣고 일상생활의 행위 그대로가 진리인데, 새삼 현실을 벗어나서 어디에서 불법의 진리를 찾느냐고 다그친다.

이 공안은 선사들이 한결같이 강조하는 현실에 대한 절대적인 긍정과 '지금·여기·이것'의 행위가 그대로 깨침이라는 것을 일깨워주고 있다. 수산주는 깨달음이 좌선을 하고 선문답을 하며 무엇인가 고상한 그 무엇을 찾아 헤매는 가운데 얻어지는 것이란 '오래된' 편견을 갖고 있었다. 지장선사는 바로 이러한 전도된 망상을 일깨워 일상에서 씨 뿌리고 밥 먹는 것 이상의 고귀한 불법은 달리 없다는 것을 말하고 있는 것이다. 선의 가장 큰 특징 가운데 하나는 '영원한 현재'를 살아가는 것이다. 지금·여기·이것처럼 눈앞에 분명하고 걸림 없는 대자유와 해탈이 따로 어디에 있겠는가 하는 외침이다.

그렇다면 왜 '지금'이 가장 중요할까? 에크하르트 톨레는 이에 대해 "무엇보다 '지금'만이 유일하게 존재하기 때문"이라고 말한다. 그는 "'지금'만이 존재하는 모든 것"이라면서 '영원한 현재'를 이렇게 말한다.

'영원한 현재'야말로 우리의 전체 삶이 펼쳐지는 무대이며, 언제나 우리와 함께 남아 있습니다. 삶은 '지금'입니다. '지금'이 아닌 삶이라는 건 결코 존재한 적이 없으며, 앞으로도 결코 존재할 수 없을 것입니다. '지금'만이 가장 소중한 두 번째 이유는, '지금'만이 마음이 제한하는 범위 너머로 우리를 데리고 갈 수 있기 때문입니다. '지금'만이 시간도 없고 형태도 없는 '존재'의 영역에 접근할 수 있는 유일한 지점인 것입니다.

『지금 이 순간을 살아라』

'영원한 현재', '절대 현재'를 일깨우는 공안은 선어록에서 수도 없이 등장하지만, 유명한 마조 − 백장선사 간에 이뤄진 선문답을 하나 더 예로 들겠다.

마조선사가 어느 날 제자인 백장스님과 함께 길을 걸었다. 도중에 한 무리의 기러기가 날아가는 것을 보았다.
"저것이 무엇이냐?"
"기러기입니다."
"어디로 날아가느냐?"
"벌써 날아가버렸습니다."
마조선사는 백장을 향해 돌아서서 느닷없이 그의 코를 사정없이 비틀었다. 갑자기 당한 백장은 너무 아파서 비명을 질렀다.
그러자 마조선사가 한마디했다.
"날아갔다더니 여기 있네."
이 말에 백장은 크게 깨달았다.

『마조록』

마조선사로부터 코를 비틀리기 전의 백장스님은 '지금 여기'에서

'영원한 현재'를 체험하지 못한 상태이다. 기러기와 나(백장), 객관과 주관이 대립된 상태에서는 이원의식(二元意識)이 작용하는 곳으로서, 거기에 진실은 존재하지 않는다. 깨달음은 기러기와 내가 하나 되는 순간에 비로소 체현된다. 이원의식의 소탕으로 생각이 개입되지 않는 곳에서만 진실이 드러나기 때문이다. 기러기를 보았다든지, 날아갔다든지 하는 공간과 시간의 규정이 있는 한 깨침의 체득은 불가능하다. 시공(時空)의 규정을 받는 의식이라면 이는 바로 이원의식인 분별심이기 때문이다. 생각이 작용하는 이원의식이 개입되지 못하는 곳은 시공의 규정이 없는, 시공이 끊어진 '절대 현재'뿐이다. 이 절대 현재에서 체현되는 '순수 주체성', 있다거나 없다거나 하는 것에 속하지 않는 '각성(覺性)'이 비로소 진실한 상태인 것이다.

이와 관련, 에크하르트 톨레는 '지금 이 순간'의 충만함이야말로 깨침의 차원으로 들어가는 열쇠라고 보았다. 하지만 그는 이런 가르침이 지닌 깊이와 근본 원리가 제대로 알려지고 있는 것 같지는 않다고 밝히고 있다.

선(禪)에 대한 그의 이해를 엿보게 하는 다음 구절은 선 수행의 기본원리를 말하는 것처럼 들린다.

선(禪)의 핵심은 칼날 위를 걷듯 예리하게 깨어 있는 것으로 '지금 여기'에 현존하는 것입니다. 순수하고 완벽하게 깨어 있음으로써 어떠한 문제도, 어떠한 고통이나 번민도, 진정한 당신이 아닌 것은 그 무엇도 당신 안에 살아남지 못하도록 하는 것입니다. '지금' 속에서, 시간이 없는 차원에서 당신이 지닌 모든 문제는 용해되어 버립니다. 고통이나 번민은 시간을 필요로 합니다. 고통은 '지금' 속에 살아남지 못합니다.

『지금 이 순간을 살아라』

187

'지금 여기'에 머물면 날마다 좋은 날이다

수행에 있어서, 시간의 문제를 참구하는 데는 운문종의 시조인 운문선사의 '일일시호일(日日是好日)'이란 공안을 공부하는 것이 긴요할 것이다. 다음은 『벽암록』 제6칙에 등장하는 법문이다.

> 운문선사가 하안거(석 달간의 여름 집중수행)의 중간에 해당하는 어느 날, 이렇게 법문했다.
> "15일 이전은 너희에게 묻지 않겠다. 15일 이후에는 일구(一句, 깨달음의 한마디)를 가져오너라."라고 말했으나, 누구 하나 이에 답하는 이가 없었다. 이윽고 스스로 대답하기를 "날마다 좋은 날[日日是好日]이다." 라고 했다.

여기서 15일 이전은 과거로, 15일 이후는 미래로 볼 수 있다. 운문선사가 이 공안에서 던지는 질문은 과거가 어떠니, 미래가 어떠니 하는 것에 있는 것이 아니라, 지금(只今), 즉금(即今), 현재가 문제인 것이다. 『금강경』의 이른바 "과거심·미래심·현재심을 얻을 수 없다." 라고 하는 '삼세심 불가득(三世心不可得)'의 입장에서 뭔가 지혜의 한 마디를 일러보라고 하는 것이다. 다시 말해 깨달음의 한마디라 하면 과거·미래·현재에도 머물지 말고, 유와 무에도 잡히지 말고, 일체의 상대적인 것을 떠나 절대성의 입장에서 나오는 한마디여야 한다.

운문선사는 모든 것을 '절대의 현재'로 돌려놓고 거기서부터 나오는 '일구'를 뭐라고 하느냐 하는 그물을 던졌다고 볼 수 있다. 운문선사가 의도적으로 15일 이전과 이후로 나눠서 질문을 던지는 것은 우리들이 가지고 있는 분별의식에 대한 일종의 미끼인 셈이다. '이것을 아느냐?' 라고 하는 것은 결국 15일 그 자체, '지금' 이라고 하는 그 자체에 대한 인식의 전환을 요구하는 것이다. 선사가 의도하는 바는 다만 과거심 불가득, 미래심 불가득, 현재심 불가득의 한 가운데로 뛰어들라고 하는 가르침인 것이다.

여기서 『금강경』의 '과거심·현재심·미래심(삼세심)을 얻을 수 없다.' 라는 말은 시간과 공간을 비롯한 일체가 공(空)하여 둘이 아닌 까닭에 '불가득(不可得)' 이라 한 것이다. 과거·현재·미래는 분리된 시간이 아니라 하나의 시간, 즉 '절대적 현재' 에서 파악되어야 한다는 가르침이다. 선종에서는 늘 '지금 이 자리' 에서 일체의 분별심을 버리고 무심(無心)이 되어야 한다고 설파한다. 무심은 마음을 텅 비워버려 아무 것도 없는 것이 아니라 곧 시간과 공간이 '영원한 현재' 를 통해 뭉쳐진 일심(一心)이다. 운문스님이 '하루 하루가 좋은 날이다[日日是好日].' 라고 한 뜻은 영원(永遠)이 현재에 응축되어 있음을 표현하고 있는 것이다. 결국 이 공안에 대한 답은 운문선사 스스로 답했듯이, '일일시호일' 이었다. 이 '절대 현재' 에 언제나 머물수 있다면 운문스님은 '날마다 좋은 날' 이 되리라고 단언하고 있는 것이다.

매순간 대상과 일에 완전히 몰입하는 틱낫한 스님의 '정념'

그렇다면, '날마다 좋은 날'을 만들기 위해서는 어떻게 닦아가야 할까. 조주선사는 이런 자연스러운 의문에 답하듯이, '일일시호일'이 되기 위한 전제로 하루 24시간을 수행하는 방법을 제시하고 있다. 조주선사는 어느 때 행각하는 한 선승에게 "너희들은 12시에 부림을 당하고 있지만, 나는 12시를 부리고 있다."(조주록)라고 말한 예가 그것이다.

그러나 우리들은 조주선사와 달리, 개념적으로 나눈 12시간에 스스로 노예가 되어 헐떡이며 살고 있으니 얼마나 한심한 일인가. 시간이란 개념을 만든 것은 시간을 잘 쓰기 위한 것이지, 거기에 끄달리기 위해 만든 것이 아님에도 말이다. 그래서 선 수행자라면 모름지기, 언제 어디서나 주인이 되어 24시간을 부리는 대장부가 되어야 한다고 조사들은 고구정녕하게 일러주었던 것이다.

언제 어디서나 마음이 현재에 머물 수 있도록 붙잡아주는 수행 방법은 베트남 출신의 고승 틱낫한 스님이 강조하는 '정념(正念, mindfulness)' 수행을 통해서도 힌트를 얻을 수 있다. 이 '정념'은 원래 '잡념을 버리고 늘 향상을 위하여 올바르게 정신을 집중하는 것'으로 팔정도(八正道) 가운데 하나이다. 『중아함 염처경』에서 설한 몸·느낌·마음·법(法)을 관하는 사념처관(四念處觀), 즉 위빠싸나 수행의 일종으로 볼 수 있다.

그러나 틱낫한 스님이 정의하는 '정념'은 이와 달리 온전히 깨어있는 마음, 지금 내 몸과 마음에서 일어나는 일을 온전히 알 수 있는 상태를 의미한다. 틱낫한 스님의 제자들은 위빠싸나와의 차별성을 강조하면서 몸과 마음의 움직임을 관찰하는 것은 다를 바 없지만, "지금 여기서 일과 대상과 철저히 하나 된다는 점이 다르다."라고 말한다.

정념 수행은 매순간 대상과 일에 완전히 몰입하는 '평상심(平常心)'을 실현한다는 점에서 임제종의 생활선에도 닿아있다. 틱낫한 스님이 임제종의 42세 법손이란 점도 이런 해석을 가능하게 한다. 일찍이 임제선사는 『임제록』에서 "바로 지금이지 다시 다른 시절이 없다[卽時現今 更無時節]."라고 일갈한 바 있음을 상기할 필요가 있다.

임제선은 바로 목전에서 법을 듣고 말할 줄 아는 마음인 '무위진인(無位眞人)'을 깨닫는 것을 목적으로 한다. 여기서 무위진인은 '바로 지금 눈앞에 드러나는 작용[卽今目前現用]'을 뜻한다. 임제선사는 지금 눈앞에서 보고 듣고 느끼고 아는 이것을 깨달아야 경계의 장애로부터 해탈한다고 설한다. 이것이 바로 '그 무엇에도 걸림 없이 매 순간 어디에서도 주인노릇하며 진실과 마주하는[隨處作主 立處皆眞]' 도리인 것이다. 어쩌면 틱낫한 선사는 위빠싸나의 관법을 수용해 이러한 임제선을 더욱 구체적, 현실적으로 응용한 생활선을 만든 것으로 볼 수도 있겠다.

지금 · 여기 · 이것밖에 따로 무엇이 있는가

역대 선사들이 누누이 역설하고 있듯이, 깨달음과 열반은 저 멀리 설정된 이상향이 아니다. 지금 이 순간 깨어있다면 찰나찰나가 축제라는 것이다. '날마다 좋은 날'이 되기 위해서는 철저히 '나라는 생각', 즉 아상(我相)을 내려놓아야 한다. 내가 있다는 한 생각이 없다면 삶의 애착과 고통, 중생이라는 생각, 열반의 세계가 모두 허구이자 꿈일 뿐이다. 그래서 선사들은 "열반은 이미 주어져 있다. 이미 생사를 넘어서 있다. 이 순간 이렇게 피어있다."라고 노래한 것이다.

고려시대의 진각혜심선사는 지금 눈앞에 드러난 진실, 열반의 세계를 이렇게 설파하고 있다.

눈앞에 분명하게 드러나 있거늘 어찌 분별하여 모색할 필요가 있겠는가? 바로 앞에 나타난 것을 지금 마음대로 써먹고 있거늘 어찌 찾을 필요가 있겠는가? 앞의 부처나 뒤의 부처나 이것으로써 진리의 등불을 전했고, 대승의 경전과 소승의 경전도 그것으로써 근본을 삼는다. 그런 까닭에 '오로지 하나의 일만이 진실한 것이며 나머지 그 어떤 것도 진실한 것이 아니다.'라 한 것이다.

『진각국사 어록』

진각국사는 구도자들이 눈을 부릅뜨고 찾아 헤매는 깨달음의 세계를 '눈앞에 분명히 드러난 그것일 뿐이다.'라고 확실하게 말하고 있다. 그러나 우리가 왠지 주저하며 받아들이기 어려운 것은 왜일까?

그것은 깨달음이 '지금 여기'를 벗어나 저 먼 훗날에, 또는 깊은 삼매에 들어서만 체득되는 것이라는 고정된 선입견을 갖고 있기 때문이다. 깨달음의 체험은 선지식의 말끝(言下)에, 개나리꽃을 보는 순간에, 새벽 종소리를 듣는 순간에, 돌부리에 채이는 순간에 일어날 수 있는 자연스러운 일임을 조사들은 어록을 통해 무수한 증거를 남기고 있는데도 말이다.

깨달음의 시절은 철야 용맹정진을 하고 화두가 무르익고 무르익어 터질 듯한 기연을 기다린 뒤에 도달하기도 하지만, 그 시절 역시 '지금 여기'라는 영원한 현재를 벗어나 있는 것이 아니다. 깨달음을 추구하거나, 깨달음을 기다리는 수행은 여차하면 머리 위에 머리를 붙이는 조작과 망상이 될 수 있음을 주의해야 함은 물론이다. 깨달음은 늘 지금 여기서 함께 하는 것이기에, '얻을 수 없고[無所得法]' '정할 수 있는 것이 아님[無有定法]'을 알고, 늘 무심한 가운데 닦음이 없이 닦아야 하는 것이다.

선사들은 앞에서 언급했듯이, 지금 눈앞에 펼쳐진 깨달음의 세계를 분별의 틀에 담아 헤아리려 하면 이미 그것이 아니라고 말한다. 그래서 불인희조(佛印希祖)선사는 "지금 겹겹이 중첩된 화장세계(華藏世界)의 끝없는 법문이 눈에 마주치는 존재들마다 나타나 있거늘 어찌 헤아리며 찾을 필요가 있겠는가!"(속전등록)라고 경책한 것이다. 조사들은 한결같이 눈앞에 진실이 분병하게 드러나 있다고 말하고 있건만, 우리가 곧바로 의심하며 고개를 갸우뚱하는 까닭은 믿지 못하는 것도 큰 병일 뿐더러, 요리조리 잔머리를 굴리는 그것이 불치의 병이 아닐 수 없기 때문이다. 오죽하면 대혜선사는 "눈앞에 분명히 드러난 유일

한 진실을 놓치고, 말의 그물에 걸려 있다."(서장)라고 탄식했을까.

자신이 쌓아 온 모든 고정관념, 심지어 수행과정에서 보고 들은 이야기와 경험들을 내려놓지 않는다면, 우리는 눈앞의 진실을 영원히 보지 못할지도 모른다. '나' 라는 생각, 내가 아는 모든 것, 습관적인 분별심, 그러한 것들을 몽땅 텅 비워버릴 때, 비로소 지금 눈앞에 보이고, 귀에 들리는 그대로가 깨달음의 빛과 소리로 다가올 것이다.

모든 탐욕은 순수한 존재의 기쁨 대신 외부 세상과 미래에서 구원이나 만족을 추구하는 마음이다. 그런 상태에서는 자유나 깨달음에 대한 바람조차도 미래의 만족이나 완성을 위한 또 다른 집착에 불과하다. 에크하르트 톨레가 "욕망으로부터 벗어나려고 하지 마십시오. 깨달음을 '성취' 하려고 하지 마십시오. 지금 이 순간에 존재하십시오."라며 반복해서 말하고 있는 것도 이러한 의미에서 설득력이 있는 말이 아닐 수 없다.

진정한 대장부라면 깨달음이니, 열반이니, 부처니, 조사니 하는 모든 관념을 내던져 버리고 지금 당장 무심(無心) 속으로 뛰어들어 '영원한 현재' 를 살아가야 하지 않을까.

깨달음의 대상은 늘 바로 우리 곁에 있다. 지금 당장 살포시 눈을 돌려보라. 코 골고 자는 남편, 바가지 긁는 아내, 개구쟁이 아들, 널려있는 책들, 한강 위에 떠오르는 태양, 도봉산 위의 꽃들이 그대의 선지식이다.

보고 듣고 느끼고 아는 이것이 무엇인가?

은빛 한강의 물결은 언제나 춤을 추고,
난지도 인공산의 나무들은 푸르기만 하다.

아침 출근시간이면 애마(愛馬)를 타고 달리던 한강변 88도로. 필자는 직장 생활을 하던 시절, 승용차 앞창에 펼쳐지는 이런 풍경을 보며 아름다움을 직각(直覺)하고 있는 '이것이 무엇인가?'를 화두로 들곤 했다.

퇴근 시간도 마찬가지였다. 성산대교와 경인고속도로를 장엄하는 노을의 비경, 온 하늘과 한강 위를 붉은 비단의 물결로 수놓는 태양과 고속도로의 조명과 빌딩의 불빛들. 이 낙조와 야경을 감상하며 감탄사를 연발하는 '이 놈'을 회광반조(回光返照)하는 것이었다.

눈앞에 펼쳐지는 아름다운 자연은 말 그대로 무정설법(無情說法, 무생물이 설법함)을 하는 듯하고, 그것을 보는 '이 놈'은 보이는 대상과 어느덧 둘이 아닌 하나가 되곤 했다.

출·퇴근 시간을 비롯하여 아침에 눈을 떠 세수할 때부터 직장에서 근무하며 점심을 먹고 화장실에서 일보고, 사람을 만나 대화하는 모든 일 속에서 보고 듣고 느끼고 아는 '그것', 아침에 눈을 뜨고 잠들 때까지 견문각지(見聞覺知)하는 '이것이 무엇인고?'란 화두를 들고 있었던 것이다.

어린 시절, 나와 우주에 대한 끝없는 호기심은 하나의 커다란 '의문부호'가 되어갔다. 이것이 커서는 여러 종교에 대해 눈을 뜨게 했고 급기야 불교의 대해로 흘러들어 선(禪)의 일미(一味)를 맛보고는 자연스럽게 '이 뭣고?' 화두를 챙기게 되었다. '무(無)'자, '뜰앞의 잣나무', '삼 세 근' 화두를 비롯하여 1,700여 가지에 달하는 공안은 결국 '이 뭣고?' 화두로 귀결된다.

부처님으로부터 역대 조사들이 참구해 왔지만, 육조 혜능스님이 비로소 드러내어 말했다는 '이 뭣고?' 화두. 『육조단경』에는 '이 뭣고?' 화두가 처음으로 등장하는 일화가 보인다.

회양(懷讓)선사가 숭산(崇山)에서 와서 육조스님을 뵙자 육조스님이 물었다.
"무슨 물건이 이렇게 왔는가?"
회양은 대답을 못하고 쩔쩔맸다. 회양이 8년 만에야 그 뜻을 깨치고 나서 이렇게 말했다.
"설사 한 물건이라 하여도 맞지 않습니다."

이와 같이 회양스님은 즉시에 한 마음 돌이켜 자신의 본성을 보는 견성(見性) 체험을 하고 육조스님의 인가를 받았는데, 여기서 '무슨 물건'이 바로 '이 뭣고?' 화두의 근원이 된 것이다. '이 뭣고?' 화두는 이후 마조선사와 백장선사의 문답에서 자주 나타날 만큼 수행자의 본래면목을 일깨우는 효과적인 방편이라 볼 수 있다.

『백장록』에는 이런 공안이 나온다.

> 하루는 백장스님이 설법을 마치니 대중이 법당에서 물러가자, 스님이 대중을 불렀다.
> 대중이 고개를 돌리자,
> 백장 스님은 "이것이 무엇인고?" 하고 물었다.

'부모로부터 태어나기 이전의 본래면목'을 묻는 '이 뭣고?' 화두는 다양한 공안에서 등장하지만, 『벽암록』에 등장하는 운문선사의 법문에 더욱 확실하게 드러나 있다.

> 향림징원(香林澄遠)이 18년 동안 운문스님의 시자를 했는데,
> 그를 가르침에 다만 "원 시자(遠侍子)!"라고 부르면,
> 원 시자는 "네!" 하고 대답하였고,
> 운문은 "이 무엇인가?"라고 말할 뿐이었다.
> 이렇게 하기를 18년 만에 어느 날 바야흐로 원 시자가 깨달으니,
> 운문은 "내가 지금 이후로 다시는 너를 부르지 않으리라."라고 하였다.

사람마다 모두 가지고 있다는 이 본래면목(本來面目)을 설명하기 위해 마음이니, 불성이니, 주인공이니, 무일물(無一物)이니, 무위진인

(無位眞人)이니 하는 등의 이름을 붙이지만 사실은 설명이 불가한 '그 무엇'이다. 모양과 형상이 없기에 말이 끊어지고 마음 길이 사라진 곳에서 스스로 체험하는 수밖에 없는 '물건 아닌 물건'인 것이다.

지금 이 순간, 이 글을 보고 사유하는 작용은 누가 하고 있는가? 바로 참사람(무위진인, 불성)의 작용에 의하여 눈이란 감각기관을 통해 법을 듣고 있는 것이다. 즉, 지금 법을 듣고 있다는 너무도 분명한 사실은 참사람이 살아 움직이고 있음을 보여주는 증거이기도 하다. 임제스님은 이를 두고 "지금 법문을 듣고 있는 것은 그대들의 육신[四大]이 아니라 그 사대를 능숙하게 활용하는 '그것'이다."라고 하였다.

조사님들은 이 보고 듣고 느끼고 아는 '이것'을 구체적으로 어떻게 설명했을까?

태내에 있으면 몸이요
세상에 살면 사람이라 하고
눈에 있으면 본다고 하며
귀에 있으면 듣는다는 것이며
코에 있으면 향기를 분별함이요
입에 있으면 말하는 것이며
손에 있으면 잡는 것이요
발에 있으면 걸어가는 것이다.
두루 드러내면 모래알 같이 무수한 세계를 다 아우르고,
거두어들이면 하나의 티끌에 있다.
올바르게 알아차리는 자는 그것을 불성이라 알지만
알아차리지 못하는 자는 정혼(精魂)이라고 한다.

『경덕전등록』에는 바라제존자가 이견왕으로부터 불성에 관하여 질문을 받고 '불성은 작용 속에 있다.' 라는 취지로 대답하여 왕을 깨닫게 했다는 위의 게송이 전한다. 이견왕도 이 게송에 깨달았는데 그 보다 수 천, 수 만 배나 많은 정보를 접하고 있는(多聞이 오히려 병이지만) 우리는 왜 깨닫지 못할까?

그것은 보고 듣고 느끼고 아는 당체(當體)에 대해 진실로 의심해 보지 않기 때문이 아닐까. 생로병사를 거듭하며 고통의 삶을 사는 육신의 근원이 무엇인가를 절실하게 의심해야만 화두가 저절로 들리는 것이다. 인생에 대해 무상(無常)과 고(苦)를 뼈저리게 체험한 사람만이 육신의 '거짓 나' 라는 것이 참으로 없다는 무아(無我)의 도리를 알아듣고, '부모로부터 태어나기 이전[父母未生前]' 의 본래면목에 대해 참구하게 된다고 생각한다.

바로 지금, 이 글을 보고 이런 저런 사념을 일으키고 있는 당사자가 바로 부처라는 것을 '믿고 이해하여 받아들이는' 신해(信解)가 깨달음의 바탕이 된다. 물론 여기서 눈을 통해 보고 의식을 통해 생각하는 그것은 육신이나 마음이 아니다. 안·이·비·설·신의 육식(六識)을 통해 보고 듣고 말하고 아는 이것은 육신은 물론 마음에서조차 벗어난 것이기에 신심탈락(身心脫落)한 그 무엇이며, 저마다의 '본래 성품(性品)', 즉 무위진인인 것이다.

그러나 이 무위진인은 언제나 '바로 지금' 보고 듣고 말하고 생각하는 당체에서 깨달아야 한다. 때문에 고인들은 "바로 지금 목전의 현상을 떠나 무위진인을 확인하려 한다면 미륵부처님이 지상에 내려오는 5억만 년을 더 기다려야 하리라."라고 말한다. 깨달음의 시절은 당장 눈앞에 작용하는 그곳에서 꽃이 피기를 기다리고 있다. 그래서 우리는 늘 행주좌와 어묵동정 간에 육신을 움직이는 '이것이 무엇인가?'를 참구해야 하는 것이다.

깨달음의 대상은 늘 바로 우리 곁에 있다. 지금 당장 살포시 눈을 돌려보라. 코 골고 자는 남편, 바가지 긁는 아내, 개구쟁이 아들, 널려 있는 책들, 한강 위에 떠오르는 태양, 도봉산 위의 꽃들이 그대의 선지식이다. 온갖 알음알이나 선입관, 분별심을 내려놓고 서가에 꽂힌 경전과 선어록들을 다시 한 번 찬찬히 읽어보라. 그대의 찾고자 하는 간절한 마음, 그러나 무엇을 얻겠다는 집착마저 여읜 무심으로 경전과 선어록을 깊이 믿고 이해하여 받아들인다면 부처님과 조사님들의 말씀은 허무한 메아리가 아니라, 바로 자기 내면의 목소리임을 알게 될 것이다.

역대 조사들은 사방, 팔방으로 도를 찾아 헤매는 구도자의 뒤통수에다 대고 이렇게 소리쳐 묻는다.

"이게 무어냐?"

이때 머리 돌린 그대는 보고 들리는 대상을 따라가지 말고, 보고 듣고 있는 그놈을 즉시 확인해야 한다. 일체의 시비와 분별이 떠난 무심의 자리에서 우리는 '이 뭣고?'의 해답을 풀 수 있을 것이다.

나옹스님의 '마음구슬을 희롱하는 노래'(翫珠歌)를 감상하며 스스로 한 달의 결제기간을 정해 놓고 '이 뭣고?' 화두를 챙겨보는 것은 어떨까?

머리도 없고 꼬리도 없는데
서거나 앉거나 분명하여 언제고 떠나지 않는구나
힘을 다해 쫓으나 그는 떠나지 않고
있는 곳을 찾아보아도 알 수가 없네
하하해!
이 어떤 물건인가?

'이 뭣고?' 화두로 깨친 선사들

선 수행을 하는 스님과 일반인들이 가장 많이 참구하는 화두 '이 뭣고?'. '이 몸뚱이 끌고 다니는 이놈이 무엇인고?', '이것이 무엇인고?' 하는 말을 경상도 사투리로는 '이 뭣고?' 또는 '이 뭐꼬?' 라고 한다.

최근 국내 선학계에서 '이 뭣고?' 가 화두가 아니라는 주장이 제기돼 논란이 일고 있지만 '이 뭣고?' 는 조사선을 실질적으로 확립한 중국의 육조 혜능(638~713)선사 이래 가장 많이 참구된 근본 화두라는 것이 일반적인 견해이다. 공안은 이 세계에 가득 차 있는 것이지만 문헌에 오른 화두가 1,700여 가지인데, 이 '이 뭣고?' 화두 하나만을 타파하면 1,700공안이 일시에 투과된다는 것이다.

일상생활 속에서 보고 듣고 느끼고 아는 '이것이 무엇인고?' 라는

화두는 앞에서 남악회양(677~744)선사가 육조스님을 법자 육조스님이 "무슨 물건이 이렇게 왔는가?"란 질문에서 유래했음을 밝혔다.

'이 뭣고?' 화두가 육조스님과 회양스님간의 문답에서 발단되었듯이, '이 뭣고?'는 그의 제자 마조도일(709~788)선사의 문답에도 자주 등장한다. 『마조어록』에는 '이것이 무엇인고?'라는 물음을 통해 학인의 깨달음을 촉발시킨 선문답이 여러 번 나온다. 아니, 학인의 견성을 촉구함에 있어서, 마조스님만큼 '이 뭣고?'를 즐겨 사용한 예는 없을 것이다.

백장회해(749~814)선사가 마조스님의 시자(侍子)를 할 때 이야기다. 백장스님은 신도들이 대중공양을 올릴 때면 호떡 그릇의 뚜껑을 열어 마조스님에게 권하곤 했다. 그때마다 마조스님은 호떡을 하나 꺼내 들고는 대중에게 물었다.

"이 뭣고(是甚諏)?"

그러나 백장스님은 3년이 지나서야 스승이 묻는 뜻을 알 수 있었다.

마조스님은 호떡을 받을 때마다 이 호떡을 먹고 있는 우리의 본래면목이 무엇인지를 성찰하라고 대중들에게 법문한 것이다.

'이 뭣고?'와 같은 맥락의 공안으로 명나라 때 이후 중국 선원에서 많이 참구한 조주종심(778~897)선사의 '염불시수(念佛是誰)', 즉 '부처를 염하는 자는 누구인가?'라는 화두가 있다. '염불시수'는 각 종파 공통의 화두이고, 임제종의 경우 '즉심즉불(卽心卽佛, 마음이 부처다)', 위앙종은 '부모미생전 본래면목(父母未生前 本來面目)' 등 자기 종파의 개산조가 남긴 유명한 공안을 주로 참구한다.

'이 뭣고?'가 육조스님 이래 널리 참구되어 온 것은 한국 선종에도 깊은 영향을 미쳤다. 특히 '이 뭣고?'를 중시한 한국의 선사는 고려시대 나옹혜근(1320~1376)스님으로 알려져 있다. 그러나 나옹스님은 "사람들이 마음을 깨치려 하지 않기 때문에, 부득이하게 방편을 드리워 아무 의미도 없는 화두를 참구하게 한 것이다. 언덕에 올랐으면 배를 버리는 것은 당연한 일"이라며 화두 수행에 대한 집착마저 버릴 것을 당부한다.

조선시대에는 편양언기(1581~1644)선사가 평양 근교에서 '이 먹고 노장'이라 불릴 정도로 '이 뭣고?'의 대중화에 큰 기여를 했다. '이 먹고'는 '이 뭣고?'가 민초들의 입과 입으로 전해지며 와전된 것으로 매양 '이 뭣고, 이 뭣고?'라고 읊고 다니던 편양선사의 보림(保任, 깨달음 이후의 수행) 행적을 보며 사람들이 부르게 된 별호이다. 편양선사는 깨달음을 증득한 후 양치기와 거지 왕초로 숨어 지내며 자비행을 실천했으며, 이후 금강산과 묘향산에서 많은 수법제자를 길러 오늘날 승려들의 90% 이상이 선사의 문도가 되게끔 했을 정도다.

이런 전통에 따라, 한국 근대 선불교의 중흥조인 경허스님(1857~1912)의 임종게에도 '이 뭣고?'의 전통이 보이는 것은 결코 우연이 아니다.

마음 달이 외로이 둥글게 빛나니(心月孤圓)
빛이 만상을 삼켰도다(光吞萬像)
빛과 경계를 함께 잊으니(光境俱忘)
다시 이것이 무엇인고(復是何物).

물론 경허스님은 '나귀의 일이 끝나기도 전에 말의 일이 생겼구나

[驢事未去 馬事到來].'라는 화두로 공부해 '고삐를 꿸 콧구멍 없는 소'라는 말에 깨달았지만, 그 화두참구로 얻은 결과가 '이 뭣고?'와 다름없음을 보여주고 있다.

그래서인지 경허스님의 전법제자인 혜월스님(1862~1936)도 '이 뭣고?'가 본참화두였다. 혜월스님은 경허스님으로부터 『수심결』 강의를 듣다가 "설법하고 청법하는 이 한 물건이 대체 무엇인가?" 하는 화두일념이 거듭 뭉쳐 1주일이 되던 날, 짚신 한 켤레를 다 삼아놓고 마지막으로 신골(틀을 짚신에 넣고 두드려 모양새 고르는 것)을 치기 위해 '탁!' 하고 자신이 친 망치소리에 그렇게 찾던 '한 물건'을 확인 했다.

혜월스님 문하에서 공부했던 경봉스님(1892~1982) 역시 철저하게 '이 뭣고?'로 확철대오한 도인이다. 1927년 음력 11월 18일부터 3일 사이에 경봉스님은 천지를 삼키는 일원상을 접했고, 이 몸과 우주가 둘이 아닌 불이(不二)의 여래선을 깨달았으며, 더 나아가 한 점 의혹 없이 문자와 사고를 초월한 참나를 확철대오한 것이다. 이후 경봉스님은 1,700가지 공안 중에서 '이 뭣고?'로 많은 후학들을 지도했다.

근현대 선지식 가운데 '이 뭣고?' 화두로 견성한 고승들은 이 밖에도 많다.

'인욕제일'로 불리는 청담스님(1902~1971)이 평생 들었던 화두도 '이 뭣고?'였다. 청담스님은 33세 되던 해 수행처이던 묘향산 설령대에서 21일간의 용맹정진 끝에 문득 깨달아 마침내 한 소식을 전하는 게송을 읊었다. 고봉스님은 "너를 이렇게 움직이고 거드름 피우게 하는 이것이 무엇인고?"라는 은사스님의 말을 화두로 공부했으며, 만암스님(1876~1957)은 '이 뭣고?' 화두를 든 지 7년 만에 득도했다. 또 월산스님(1912~1997)은 만공스님으로부터 받은 '이 뭣고?' 화두를 타파했으며, 성찬스님(1914~2003)은 '이 뭣고?' 화두로 금강산 마하연에서 의문을 풀었다.

　이처럼 중국과 한국의 무수한 선사들이 '이 뭣고?' 화두로 공부해서 견성했음을 알 수 있다. 특히 한국에서는 앞서 열거한 선사 이외에도 알려지지 않은 무수한 도인들이 '이 뭣고?'로 견처를 얻어 가장 사랑받는 화두로 자리잡게 된 것이다.

　지금 눈을 통해 이 글을 보고 생각하는 이것은 과연 무엇일까?

있는 것과 없는 것을 완전히 떠나면 역유
역무(亦有亦無)이며, 또한 있는 것이며 또
한 없는 것이니, 있는 것과 없는 것이 서로
융합하게 된다. 그러므로 있는 것과 없는
것이 서로 통하므로 중도라 하는 것이다.

문 없는 문을 여는 열쇠, 무자(無字) 화두

학인이 조주 스님께 여쭈었다.

"개에게도 불성이 있습니까[狗子還有佛性也無]?"

"없다[無]."

"위로는 모든 부처님으로부터 아래로는 개미에 이르기까지 모두 불성이 있다고 하였는데 왜 개에게는 없습니까?"

"그에게는 업식성(業識性)이 있기 때문이다."

48개의 관문을 설치하고선 문 없는 문의 열쇠를 찾아내라고 제시하고 있는 『무문관』. 이 깨달음의 암호를 푸는 방법은 없을까. 만일 하나의 힌트가 주어진다면 『무문관』의 비밀은 '무(無)'라는 한 글자에 있을 것이다. 사실 『무문관』은 제1칙에 제시한 위의 '조주 무자' 공안(화두)이 전부라고 해도 지나친 말이 아니다. 나머지 47칙은 모두 이 '조주 무자'를 철저히 투과했는지를 다시 점검하기 위해 있는 것이라

해도 과언이 아니다.

위 공안에 등장하는 '불성', 즉 모든 생명체에 부처의 성품이 있다는 '일체중생 개유불성(一切衆生 皆有佛性)' 사상은 여러 경전에 나오는 말씀이다. 경전에서는 부처님이나 보살에서부터 곤충이나 미물에 이르기까지 몸을 움직일 줄 알기만 한다면 다 불성이 있다고 하셨으니, 개에게도 불성이 있어야 당연한 것이다. 그러나 현실적으로 개미나 미물은 전생의 지은 업보로 인하여 축생이 되었고 지혜도 없다. 이들은 좀처럼 축생의 습성을 바꿀 수 없기 때문에 스스로 부처인 줄 알기 어렵다. 그러므로 불성이 있어도 없는 것이나 마찬가지라는 해석이 나온다. 따라서 개에게는 불성이 없다고도 할 수 없고, 있다고도 하기 애매한 것이다.

그러나 위 공안에서 조주스님이 '업식성 운운' 한 것은 낮은 근기의 학인을 위하여 설명한 것일 뿐이다. '무(無)'라고 말한 진짜 뜻은 따로 있다는 것이다. 실제로 조주스님은 『조주록』에서 '개에게 불성이 있느냐?'라는 학인들의 질문에 대해 때론 '있다', 때론 '없다'라고 답하면서 무수한 수행자들을 나아갈 수도, 물러설 수도 없는 진퇴양난의 경지로 몰아넣었다. 개와 불성에 관한 것이라 해서 '구자무불성(狗子無佛性, 개에게는 불성이 없다)' 화두라고도 불리는 이 공안은 사량·분별로는 접근이 불가능하기에 '왜 개에게 불성이 없다고 했을까?' 하고 스스로 화두를 들고 의심할 수밖에 없다.

이러한 불성에 대한 유·무 여부는 이미 부처님 당시에도 화제가 된 문제였다. 부처님께서는 『열반경』에서 불성에 대해 설하시면서 중도(中道)를 곁들여 이렇게 말씀하셨다.

불성은 있는 것도 아니며 없는 것도 아니다. 또한 있는 것이며 또한 없는 것이니, 있는 것과 없는 것이 합하는 까닭에 중도라고 한다[佛性 非有非無 亦有亦無 有無合故 名爲中道].

부처님께서도 이미, 조주선사와 같이 불성에 대해 있다거나, 없다거나 하는 답변으로 고정적인 답변을 하고 있지 않음을 볼 수 있다. 여기서 불성은 비유비무(非有非無), 즉 있는 것도 아니며 없는 것도 아니다. 그런데 있는 것과 없는 것을 완전히 떠나면 역유역무(亦有亦無)이며, 또한 있는 것이며 또한 없는 것이니, 있는 것과 없는 것이 서로 융합하게 된다. 그러므로 있는 것과 없는 것이 서로 통하므로 중도라 하는 것이다.

중도는 논리적으로 풀이하면 매우 복잡하지만, 진공묘유(眞空妙有)로 풀이하면 좀더 단순해진다. 진공(眞空)이란 양변을 완전히 버린 쌍차(雙遮), 쌍민(雙泯), 쌍비(雙非)에 해당한다. 공(空)과 유(有)가 상대적인 공이 아닌 공과 유를 다 같이 버리는 것을 말한다. 물론 공과 유를 다 같이 버린다고 하여 단멸공(斷滅空)에 떨어지면 치우친 견해가 되고 만다.

그러한 단멸공이 아닌 진공이 되면 상대적인 공과 유를 떠난 묘유(妙有)가 된다. 묘유란, 상대적인 공과 유가 서로 통하지 아니하여 공은 공, 유는 유로 대립하여 통하지 아니하지마는 그러한 상대적인 공과 유를 버리고 나니, 공이 즉 유이고 유가 즉 공인 공과 유가 서로 통하여 '색즉시공 공즉시색(色卽是空 空卽是色)'의 묘유가 성립된다는 것이다. 이것을 쌍조(雙照), 쌍존(雙存), 쌍역(雙亦)이라고 한다. 큰 부정을 통해 큰 긍정이 이뤄진 셈이다.

중도의 이치를 통해 있는 것과 없는 것이 서로 통하고, 공과 색이 서로 통하고 선과 악이 서로 통하고, 부처와 중생이 서로 통하게 된다. 그러므로 진공이 쌍차이며 묘한 있음이 쌍조이니, 진공묘유의 도리를 알아 진공과 묘유가 둘이 아니게 원융하게 통하는 것을 차조동시(遮照同時)라 한다. 유와 무에 걸림이 없으면서도 양자를 초월해 유와 무를 드러내는 것이 유·무 밖의 것을 알고 쓰는 도인이라 할 수 있다.

따라서 있다거나 없다고 할 때의 '없다' 라는 데 걸리면 '무자' 화두는 평생 해결 못하는 난제로 남게 된다. 『전등록』에 나오는 선문답은 유·무를 초월한 '무자' 화두의 성격을 다시 한 번 드러내고 있다.

한 스님이 조주선사에게 질문했다.
"개도 불성이 있습니까?"
"있다."
"화상(조주스님)은 불성이 있습니까?"
"나는 일체중생이 아니다."
"중생이 아니라고 한다면 화상은 부처입니까?"
"부처도 아니다."
"그러면, 화상은 '무슨 물건[何物]' 입니까?"
"물건도 아니다."
"사물을 보기도 하고 듣기도 합니까?"
"그것은 생각할 수도 없고, 그것을 사의(思議)해서 얻을 수가 없다. 그래서 불가사의(不可思議)라고 말한다."

여기서 말하는 사의(思議)는 사량·분별심인 중생심을 말한다. 불가사의는 이를 초월한 불심을 의미한다. 불성은 일체의 사량분별을 초월한 불심이기에 생각으로나 알음알이로서는 체득할 수 없다는 가르침을 담고 있다. 결국 어떻게 유(有)·무(無)를 초월할 것인지는 각자가 진지하게 참구할 수밖에 없는 과제이다.

위의 상반된 듯한 두 문답에서 조주스님은 불성 자체에 관한 당신의 선적(禪的) 체험을 바탕으로 우주와 '무(無)'와 일체가 되어 물음을 던진 학인 앞에 그 답을 제시하고 있다. 앞에서 '중도'라는 논리로 불성의 유·무에 대한 교리적인 해설을 가했지만, 그것은 어디까지나 설명일 뿐이다. 경전과 조사어록에 담겨있는 무수한 언설들을 일단 제쳐두고 직접 '무자 화두'와 철저히 한 몸이 되어 조주스님의 가슴속으로 들어가 보는 수밖에 없다.

이 화두는 간화선 수행자들이 가장 많이 참구해 온 화두의 하나이기 때문에, 역대의 많은 스님들이 '무자'를 타파하고 깨달음의 사자후를 토해냈다. 그 분들이 제시하는 '무자 화두' 참구법과 깨달음의 경계를 참고하는 것은 공부 길의 훌륭한 이정표가 될 것이다.

먼저 『무문관』에서 지시하고 있는 무문혜개선사의 당부를 들어보자.

자! 여러분들도 이 조사의 관문을 뚫어보지 않겠는가? 그러기 위해서는 360골절, 8만4,000 털구멍, 몸 전체가 바로 의심덩어리[疑團]를 일으켜 조주의 무자 공안을 참구하여 밤낮으로 이 문제에 전심전력하여야 한다. 그러나 조주의 무자 공안을 참구함에 있어 이 '무'를 노장(老莊)에서 설하는 허무(虛無)의 무로 이해해서는 안 되며, 유무의 차별적인 무로 이해하고 참구해서도 안 된다. 일단 이렇게 '무'자 공안을 문제로 삼고 참구함은, 마치 뜨거운 쇳덩어리를 입에 넣고 뱉으려야 뱉을

216

수도 없고, 삼키려야 삼킬 수도 없는 처지에 빠진 것처럼, 지금까지 익히고 배워온 일체의 모든 견해와 식견을 전부 탕진하고, 오래오래 오로지 일념으로 순수하게 공부하여 익혀 나가면, 자연히 자신의 의식과 일체의 외부경계[內外]의 차별 구별이 없어져 하나가 되는[打成一片] 깨달음의 경지를 이룰 수가 있다. (중략)

그러면 어떻게 이 무자 공안을 참구해야 하는가? 온 평생의 기력을 다하여 이 무자 공안을 참구해야 한다. 무자 공안을 참구함에 일념으로 의심을 일으켜 끊어짐[間斷]이 없고 중지하는 일이 없으면 여러분의 심중에 불법의 촛불이 일시에 켜지는 깨달음의 경지에 이르게 될 것이다.

무문선사는 이처럼 무자 공안을 듦에 전신이 의심덩어리가 되어 참구하도록 강조하고 있다. 이러한 무자공안 참구법은 대혜종고스님에 의해 더욱 강조되었다. 대혜스님은 조주의 무자 공안은 사량분별과 나쁜 지해(知解, 알음알이)를 타파하는 무기라고 『대혜서』의 「부추밀(富樞密)에 답한 글」에서 다음과 같이 주장하고 있다.

어떤 스님이 조주스님에게 '개에게도 불성이 있습니까?'라고 질문하자, 조주는 '없다(無)'라고 대답했습니다. 이 '무'라는 한 자야말로 온갖 잘못되고 그릇된 지해를 쳐부수는 무기입니다. 이 무를 깨달으려면 유·무의 상대적인 의식을 일으켜서는 안 됩니다. 도리(道理)로서 무를 알려고 해서도 안 됩니다. 의식으로 사량하여 판단해서도 안 됩니다. 눈썹을 치켜 올리고 눈동자를 굴리는 곳에 머물러서도 안 됩니다. 말하는 그곳에 생활을 삼아서도 안 됩니다. 일 없는[無事] 가운데 머물러서도 안 됩니다. 제시된 공안에 대하여 곧바로 받아들여서도 안 됩니다. 문자 가운데서 증거를 찾으려 해서도 안 됩니다. 오직 한결같이 하루종일 행주좌와의 일상생활 가운데서 언제나 무자 공안을 들고 정신 차려 참구해야 합니다. '개에게도 불성이 있습니까?', '무'라는 문제를 일상 생활 가운데서 잠시라도 놓치지 말고 이와 같이 공부하게 되면 한 열 흘 만에 곧 바로 스스로 깨닫게 될 것입니다.

무자 화두 드는 법은 대혜선사를 비롯해 대대로 깨달음을 얻은 선 사들이 제자들에게 자상하게 설했기 때문에 우리 고승들도 무자 공안 참구법을 언급하고 있다. 중국 임제종의 석옥청공선사로부터 인가를 받은 고려 말의 태고보우스님(1301~1382)은 부처나 조사들이 전한 묘한 진리는 문자나 언어에 있는 것이 아니니 오직 화두를 참구하고, 얻는 것이 있으면 진짜 스승을 찾아가 점검받을 것을 강조했다. '무자 화두'를 강조한 선풍은 「소선인에게 주는 글[示紹禪人]」에 잘 나타나 있다.

> 생각 생각에 무자 화두를 들어라. 행주좌와(行住坐臥) 어느 때나 옷 입 고 밥 먹을 때 항상 무자 화두를 들되, 고양이가 쥐를 잡고 닭이 알을 품듯 해야 한다. 무엇 때문에 '없다'고 하였는가를 의심하여 의심과 화 두가 한 덩어리로 된 상태로 어묵동정(語默動靜)에 항상 화두를 들면 점차 자나 깨나 한결같은 경지에 이를 것이다. 그때 화두가 마음에서 떠나지 않아 생각이 없고 마음이 끊어진 곳에까지 의심이 이르면 금까 마귀(태양)가 한밤중에 하늘을 날 것이다. 이때 희비의 마음을 내지 말 고 진짜 종사를 찾아 의심을 완전히 해결해야 한다.

한국 근대 선불교의 중흥조인 경허선사도 「등암화상에게 주다」라 는 글에서 어느 때, 어느 곳에서나 번뇌·망상을 무자 공안 위에 돌이 켜서 의심해 오고 의심해 가면 깨달음에 계합하게 됨을 설하고 있다.

옷을 입고 밥을 먹고 대소변을 보거나 시봉하고 남을 가르치거나 경을 읽고 손님을 맞이하고 보내거나 가고 머물고 앉고 눕는 어느 때 어느 곳에서나 빛을 돌이켜 비추어 보고, 이 공안을 들고 오고 들고 가며 의심해 오고 의심해 가며 살펴서 다시 관하여 갈고 다시 닦아서 사량·분별심과 세간의 번뇌심을 다만 무자 위에 돌이켜 놓는다. 이와 같이 공부하기를 날이 오래고 달이 깊으면 자연히 깨달음에 계합할 것이다.

그렇다면 무자 공안을 타파한 선사들이 체험한 경계는 과연 어떤 것일까? 무문선사는 '무자 공안'에 대해 "개한테도 불성이 있는가? 전부 그대로 제시된 부처님의 명령. 조금이라도 유무의 분별심에 떨어지면 곧바로 목숨을 잃게 되리라."라고 노래했다.

한국 선종의 중흥조인 태고보우선사는 '무자 화두'를 깨쳐 견성한 한국의 대표적인 도인이다. 그는 26세 이후, 불각사에 머물면서 『원각경』을 읽다가 "모두가 다 사라져 버리면 그것을 부동(不動)이라 한다."라는 어구(語句)에 이르러 모든 알음알이가 없어졌으며, 또한 7일째 되는 날 갑자기 조주선사의 '무(無)' 자를 보았으나 마치 쇠뭉치를 입으로 씹는 것 같았다. 이에 두 가지의 의심을 깨뜨릴 수가 없어 매단원(梅檀圓)이란 토굴에 들어가 다시 곡기를 끊고 장자불와 정진에 들어가 무인년 1월 7일 새벽에 까마귀 울음소리를 듣고 확철대오하고 다음과 같은 오도송을 지었다.

조주 옛 부처가, 앉아서 천성(千聖)의 길을 끊고
취모리(吹毛利, 예리한)의 검을 들이댐에, 온몸에 빈틈이 없네.
여우와 토끼는 자취도 없고, 몸을 뒤쳐 사자가 나타났네,
튼튼한 관문을 부순 뒤에, 맑은 바람이 태고암에 불어오네.

일제강점기에 3·1 운동을 주도했던 33인의 한 분이신 용성스님 역시 이 '조주 무자'를 투과하고 깨달음의 경계를 이렇게 노래했다.

개에게 불성이 없다 함은[狗子無佛性]
조주스님의 망령된 분별이요[趙州妄分別]
봄날 동쪽 호수의 물은 푸르른데[東湖春水綠]
백구는 한가로이 떴다 가라앉았다 하는구나[白鷗任浮沈].

한편 거사들 가운데서도 드물게나마 '무자 화두'를 타파한 수행자들이 있었다.

현대의 거사불교를 크게 일으킨 백봉 김기추거사는 1964년 정월, 심우사에서 철야선정(徹夜禪定)에 들었다가 때마침 『무문관』에 나오는 '비심비불(非心非佛, 마음도 아니요, 부처도 아니다.)'의 네 글자를 바라보고 문득 '무자 화두'를 깨뜨리면서 돈오(頓悟)했다. 그때 백봉거사의 온몸이 눈부시게 방광(放光)하자, 심우사 대중들은 한결같이 놀라면서 삼배를 하며 그 앞에 엎드렸다고 한다. 때마침 마을쪽에서 종소리가 들려오자 백봉거사는 다음과 같이 깨달음의 심경을 드러낸 오도송을 읊었다.

홀연히 들리나니 종소리는 어디서 오나[忽聞鐘聲何處來]
까마득한 하늘이라 내 집안이 분명하이[寥寥長天是吾家]
한 입으로 삼천계를 고스란히 삼켰더니[一口呑盡三千界]
물은 물은, 뫼는 뫼는 스스로가 밝더구나[水水山山各自明].

종달 이희익거사 역시, 그의 자서전인 『인생의 계단』에서 '조주 무자'의 경계를 다음과 같이 드러내고 있다. "간신히 조주 무자를 얻어 [艱得趙州無字] 평생을 쓰고도 다 못쓰고 가노라[一生受用不盡]."라고.

한편 일본 임제종의 중흥조인 백은(白隱)선사와 그 스승인 정수(正受)노인 사이에 '무자 화두'를 화제로 한 다음과 같은 선문답이 전해 오고 있는데, 한번 참구해 보라.

정수노인이 백은스님에게 물었다.
"조주의 무(無)라는 것은 무엇인가?"
백은스님이 의기양양하게 대답했다.
"우주에 충만해 있으며 손을 대려야 댈 수도 없는 것입니다."
정수노인은 이 말이 떨어지자마자 즉시 손을 뻗쳐 백은스님의 코를 잡 아 비틀면서 "나는 얼마든지 손을 댈 수 있지!" 하며 소리 내어 크게 웃고는, 제자 백은을 다그쳤다.
"이 토굴 속의 사선(死禪, 죽은 선) 중아! 그런 무(無)로 충분하다고 생 각하느냐!"
백은은 이를 큰 깨달음을 얻는 계기로 삼았다고 한다.

이와 같은 선문답과 법문을 통해 우리는 진리나 깨달음은 우리가 긍정한다고 생겨나거나, 부정한다고 사라지는 것이 아님을 알 수 있 다. 불성은 있다거나 없다거나 하는 상대적인 분별을 초월해 있기 때 문이다. 이러한 취사선택에 떨어지지 않기 위해서는 '있다'는 견해와 '없다'는 견해에서 벗어나 중도의 지혜를 터득해야 함은 물론이다. 유·무를 넘어선 중도, 나아가 중도에도 머물지 않는 제일의공(第一義 空)의 바탕에 서지 않는 한 문 없는 문의 관문을 넘어서기란 요원한 일이다.

재가 수행자의 바람직한 삶은 일할 때는
일과 하나 되어 무심이 되고, 가정에서는
가족과 사랑을 나누고, 틈을 내어 공부할
때는 치열하게 화두를 드는 것이다.

조사선은 노동과 일상 속의 선(禪)

세간에서 불도를 닦는 수행을 해도 어느 것 하나 그 수행을 방해하는
것은 없다. 항상 자신의 허물을 스스로 알아 반성하면 그대로 도와 딱
들어맞는 것이다.

『단경교석(壇經校釋)』

　매일매일 치열한 총성 없는 전쟁터에서 삶을 영위하는 직장인들에
게 '이 뭣고?'를 비롯한 화두를 챙기는 선수행이 쉬운 일은 아니다.
대부분의 재가 수행자들이 직장에서 일할 때나 가정에서 가사노동에
임할 때, 화두를 챙기는 등의 수행을 지속하지 못해서 불안해하거나
안타까워하는 것이 현실이다. 그러나 일할 때는 일과 하나 되어 무심
이 되고, 가정에서는 가족과 사랑을 나누고, 틈을 내어 공부할 때는
치열하게 화두를 드는 재가 수행자의 삶이 바람직할 것이다.

6조 혜능스님으로부터 정착되기 시작한 조사선(祖師禪)은 사실, 좌선 중심에서 행주좌와 어묵동정, 즉 일상 중에 마음공부를 하는 생활선(生活禪)을 강조하고 있다. 혜능스님이 토대를 일군 조사선은 형식적인 출가와 좌선 수행을 넘어 세간의 일상생활 속에서 수도하는 생활불교, 거사불교의 길을 열어주었던 것이다.

　선사와 거사들이 하나 되어 발전시켜온 조사선에서는 일상생활이라는 인간의 삶이 바로 수행이며 일반 백성의 집이 곧 선방이 되었다. 중생과 부처, 세간과 출세간을 둘로 보지 않음으로써 마침내 '배 고프면 먹고 졸리면 잠자는' 무위(無爲)의 생활 속 수행을 통한 해탈을 거듭 강조했다. 깨달음을 '물 긷고 나무 나르는' 자질구레한 일상사에까지 연결시키고 노동과 수행이 둘이 아닌 재가 수행의 길을 활짝 열어 놓았던 조사선의 근본정신을 안다면 직장인도 자신감을 갖고 수행할 수 있을 것이다.

　조사선은 노동과 일상생활상의 모든 사고와 행위를 통해서 본래심[平常心]을 전개하는 동중(動中)의 공부라고 할 수 있다. 동산법문을 펼친 5조 홍인(601~674)스님이 처음 4조 도신(580~651)스님의 문하에서 수행할 때 낮에는 노동에 힘쓰고 밤에는 좌선에 힘썼다고 한결같이 전하고 있는 기록으로도 확인할 수 있다. 그리고 『육조단경』에는 5조 홍인선사의 문하에서 행자로 공부하고 있던 6조 혜능이 디딜방아를 찧는 노동을 했다고 전하고 있다. 이러한 출가 승려의 노동은 당대 조사선의 형성과 더불어 단순한 일이 아닌 참선 수행의 차원으로 새롭게 전개되었다는 사실을 알아야 한다.

일과 하나 되어 일체의 경계에 초연해야

　이러한 노동과 수행의 통일은 백장회해(百丈懷海)선사가 남긴 '하루 일하지 않으면, 하루 먹지 않는다[一日不作 一日不食].'라고 한 유명한 법문으로도 짐작할 수 있다.

> "일을 할 때나 좌선을 할 때나 동정의 두 모습이 여여(如如)하게 같아야 하며 근원적인 본래심인 당체(當體)는 일체의 경계를 지양(초연)하도록 해야 한다. 비록 종일 노동을 하였지만, 아직 노동하지 않은 것처럼 여여하도록 해야 한다."
>
> 『환주청규(幻住淸規)』

　그러나 바쁜 일상 속에서 평상심으로 노동한다는 것은 쉬운 일이 아니다. 과중한 업무, 조직 내의 상하관계에서 오는 각종 스트레스, 마른하늘의 날벼락 같은 크고 작은 실수와 오해 등등. 복잡한 업무로 인한 스트레스는 일단 긍정하고 지금 할 수 있는 일부터 하나하나 해나가되, 일할 때는 일과 하나가 되어 몰입하는 것이 좋다.

　인간관계로 오는 희로애락의 감정들은 느껴지는 즉시 알아차리되 좋고 나쁨, 옳고 그름에 분별심을 내지 말고 자연스럽게 받아들여야 한다. 그리고 고정관념에 얽매여 집착하지 않고 판단하되 자비의 마음을 내어 임해야 한다. 좋고 나쁜 경계는 결국 내가 원인이 되어 돌아온 일이기에 늘 참회하는 마음으로, 남과 내가 둘이 아닌 마음으로, 용서하고 사랑하는 마음으로 응대하다 보면 자신은 물론 주변인들의 변화도 불러오게 된다.

물론, 출근해서 퇴근할 때까지 스트레스의 연속인 직장생활에서 분별심을 버리고 깨어있는 마음으로 사는 것이 쉬운 일은 아니다. 하지만, 동료끼리, 상하 간에 부대끼고 아픔을 주고받는 치열한 삶의 현장을 떠나 따로 수행처가 있다고 여겨서는 안 된다. 고요한 산사에서 번뇌와 망상을 조복하고 깨달은 도인도 결국, 저잣거리로 돌아와 중생을 교화하며 보현행(普賢行)을 닦아야 한다. 고요한 선방에서 하는 좌선이 연습이라면, 번잡한 일터에서 하는 수행은 실전이라 할 수 있다. 온갖 번뇌와 장애가 많은 직장과 가정생활보다 더 치열한 실전수행의 도량은 없을 것이다. 파도가 아무리 높다 한들 바닷물과 다르지 않다. 번뇌 역시 한 생각 돌리면, 보리와 둘이 아니다. 그리하려면 좋고 나쁘다고 하는 분별심, 취사선택하는 마음을 버리고 무심하게 대상을 관조하는 삶을 살아보라. 눈앞에 펼쳐지는 온갖 경계가 영화관의 스크린처럼 나에게 아무런 영향도 끼치지 못하는 날이 반드시 올 것이다.

세상은 오직 마음이 지은 것이기에 마음
의 주인이 되어 산다면 출세간의 대자유
와 세간의 행복도 자연히 주어지기 마련
이다.

어디서나 주인으로 살면, 그 자리가 진실이다

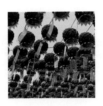

성공한다고 믿어라, 그러면 당신은 성공할 것이다.
다른 사람에게 사랑을, 존경을, 유쾌함을 배우라.

성공의 방법을 제시한 인성계발의 선구자 데일 카네기가 펴낸 『네 삶의 주인공이 돼라』라는 책에 나오는 한 대목이다. 이 책에서 카네기는 성공의 비결이 성공한다는 확신, 즉 '일체유심조(一切唯心造)'의 원리를 믿고 언제 어디서나 주인공이 되어 능동적으로 살아가는 데 있음을 역설하고 있다.

이 책에 나오는 몇 가지 사례를 소개하면 이렇다.

"카드를 보낼 때는 상대방에게 고맙다는 인사말을 직접 써라. 절대 가게에서 흔히 얻을 수 있는 인쇄된 글귀로 고마움을 전하지 마라."

"살다 보면 아주 가끔은 정신적인 건강을 위해 환한 대낮이라도 쉬고 싶을 때가 있는 법이다. 그때는 주저 없이 모든 일을 접어두고 무조건 떠나라. 시원한 해변으로 가든지 아니면 제일 좋아하는 음악을 튼 채 드라이브를 하든지, 중요한 것은 자신을 위해 시간을 만드는 일이다."

"어려운 일에 봉착했다고 괴로워하지는 마라. 따뜻한 음식을 먹고 하룻 밤만 푹 자고 나면 괴로워했던 대부분의 문제들은 사소하고 작은 일로 보일 것이다."

동서고금을 막론하고 마음의 원리를 깊이 이해하고, 이를 잘 활용하는 것이 자신과 타인의 행복 노하우임을 알 수 있다. 이러한 "삼계는 오직 마음이요, 만법은 오직 식(識)일 뿐이다[三界唯心 萬法唯識]."라는 원리는 사실상 불교 수행의 처음이자 끝이라 해도 과언이 아니다. 이 뜻을 사무치게 깨달아 세계관이 바뀐 사람이 바로 도인(道人)이다. 세상은 오직 마음이 지은 것이기에 마음의 주인이 되어 산다면 출세간의 대자유와 세간의 행복도 자연히 주어지기 마련이다.

그래서인지 '언제 어디서나 주인공이 되어 살라.' 라는 가르침은 선어록에도 적지 않게 등장한다. 인생과 우주의 주인이 되어 사는 삶은 생각만 해도 가슴 벅찬 일이 아닐 수 없다. 조사들의 일화를 벤치마킹하며 다시 한 번 자신의 공부거리로 삼아보는 것은 어떨까.

『무문관』에 나오는 공안을 먼저 감상해 보자.

서암화상은 매일 자기 자신을 향해서 "어이 주인공(主人公)!"이라고 부르고서는, 스스로 "예! 예!"라고 대답하였다.
또 "깨어있는가?"라고 묻고 "예!"라고 대답하였다.

"언제 어디서라도 다른 사람에게 속임을 당해서는 안 된다."라고 다시 대답하고, 예!" 예!"라고 하면서, 항상 이렇게 자신에게 질문하고 자신이 대답하였다.

이 일화는 스승의 가르침에 따라 자신을 돌아보고 깨달음을 체득하는 참된 자기의 본래심(本來心), 주인공에 의해 살려고 하는 서암선사의 다짐을 나타내고 있는 것으로, 후학들에게 구도자적인 자세를 심어주는 공안으로 유명하다. 서암선사는 스승 암두선사의 "내쉬는 숨, 들이마시는 숨과 대·소변 보는 곳에 본래 자연히 영원불멸의 진리가 나타나고 있다. 모두 각자 자기 발밑을 잘 살피고 회광반조(廻光返照)하여 잘 비추어 보라."라는 교시를 하루도 잊지 않고 잘 봉행한 것이다.

남의 말이나 언행, 교설 등을 그대로 받아들여 속임을 당하지 말라는 경책을 담고 있는 이 공안은 일상생활하는 가운데 일체의 경계에 끄달려서 자기를 잃어버리고 매몰되는 일이 없도록 하라는 공부법을 제시하고 있다. 주체성을 상실하고 이런저런 사상과 주의, 시류에 휘말려 살아가는 나약한 현대인들에게 "자기의 주체를 상실하지 말고 '사람의 말[人惑]'과 '경계에 끄달림[境惑]'이 없도록 하라."라는 자각적인 경책은 더욱 생생한 법문으로 다가온다.

선종에서 주인공이란 말은 자기 자신의 본래인(本來人)을 말한다. 『마조어록』에도 방거사가 '불매본래인(不昧本來人)'이라고 말하고 있는 것처럼, 자각의 주체인 불성(佛性)을 지칭하여 부른 말이다. 막 출가한 스님들이 공부하는 『자경문』에도 "주인공아, 나의 말을 들어라. 몇 사람이나 공문(空門) 속에서 득도(得道)하였는데, 너는 어찌 고

취(苦趣) 중에서 길이 윤회하는가?"라며, 주인공을 자각시키고 있다.

아래 『진각국사 어록』에는 주인공, 즉 자성에 대한 더욱 다양한 명칭들이 등장한다.

> 기억하건대 옛 사람이 "옷 속의 보배를 알아차리면 무명의 취기에서 저절로 깨어나리라. 온몸의 뼈가 모두 무너져 흩어져도 '하나의 그 무엇[一物]'은 길이길이 변치 않고 신령하도다."라고 말했다. 지금 이 자리에서 법을 설하고 법문을 들으며 분명하고도 뚜렷이 밝고 어떤 형태도 없는 것이 어찌 하나의 그 무엇이 아니겠는가?
>
> 조계혜능은 그것을 '타고난 그대로의 얼굴[本來面目]'이라 하였고, 임제는 '지위에 얽매이지 않는 참사람[無位眞人]'이라 하였으며, 석두는 '암자 속에 있는 죽지 않는 사람[庵中不死人]'이라 하였고, 동산은 '집 안에서 늙지 않는 사람[家中不老者]'이라 하였으니, 모두가 이 하나의 그 무엇을 가리키는 다른 이름인 것이다.

임제선사는 색·성·향·미·촉·법의 세계에 살면서 일체의 경계에 속박되는 인혹(人惑)과 경혹(境惑)을 받지 않고, 모든 경계를 마음대로 활용하는 사람을 '의지함이 없는 도인[無依道人]'이라고도 했다. 임제선사는 그러한 사람을 '일체의 경계를 마음대로 활용하는 사람[乘境底人]' 또는 지위에 얽매이지 않는 '무위진인', 일없이 한가한 '무사인(無事人)'이라 부르기도 했다.

경계 속에 살면서도 속박되지 않는 자유인

황벽선사가 『전심법요』에서 "하루 종일 일체의 모든 일을 떠나지 않고, 일체의 경계에 속박되지 않는 사람을 자유자재한 사람"이라고 했는데, 이 역시 무위진인(불성)을 말함이다. 임제선사가 "곳에 따라 주인이 되어야 자신이 있는 그 곳이 진실된 세계가 되리라[隨處作主 立處皆眞]."라고 주장하고 있는 주인과 같은 말이다. 여기서 "곳에 따라 주인이 되어야 한다."라는 것은 언제 어디서라도 자기의 본래심을 잊어버리지 않아야 한다는 말이다. 일체의 경계나 대상에 제약을 받지 않는 마음의 작용, 그 자체가 진실의 세계가 된다는 뜻이다.

그러나 본래심으로 조작심과 번뇌·망념 없이 평상 무사(無事)한 일상생활을 할 수 있는 것은 말처럼 쉬운 일은 아니기에 이를 현실에 적용하려는 세심하고도 부단한 노력이 필요하다. 평상심으로 주인 되어 사는 삶을 위해서는 부처나 법을 구하려고 하는 마음까지 쉬어야 가능한 일이다. 하물며 재물과 명예, 욕망을 탐하는 삶이야 말해서 무엇할까.

선사들은 일체의 경계에 끄달리거나 집착되지 않고 모든 경계와 환경을 그대로 생활 장소로 활용하는 공부를 한다면 무심의 경지에서 무사한 일상생활을 누릴 수 있다고 말한다. 이것은 이론적인 설명이 아니라 실제적인 공부이다. 선방에서 화두를 챙기는 것이 연습이라면, 생활 속의 공부는 인혹과 경혹과 대결하는 실전임을 명심해야 공부에 진보가 있게 된다.

임제선사의 '만물을 따르지 말라[莫隨萬物].'라는 설법은 이러한 일상선의 구체적인 체험에서 우러나온 것임을 알 수 있다.

> 여러분 그대들이 부처가 되고자 한다면 만물에 따르지 말라. 망심이 일
> 어나면 여러 가지 법이 생기고, 망심이 없어지면 여러 가지 법이 없어
> 진다. 한마음이 일어나지 않으면 만법에 허물이 없다.
>
> 『임제록』

임제선사는 만물에 의지하지 않고 살아가는 주인을 '무의도인(無依道人)'이라고 부르며, 그 경지를 이렇게 설명한다. 수행자가 도달해야 할 목표가 어떠해야 할지를 가늠할 수 있는 글이다.

> 무의도인은 곳곳에도 막히거나 걸림이 없고 시방세계와 삼계에 자유자
> 재하며, 일체의 경계와 차별세계에 들어갈지라도 경계가 그를 바꿀 수
> 가 없다 …… 무의도인은 여러 국토를 유희하면서 중생을 교화하지만
> 일찍이 일념이라도 여읜 적이 없이 어디서나 청정하여 광명이 시방세
> 계에 두루 비춘다.
>
> 『임제록』

물론 임제선사의 무의도인이나 무위진인, 주인공, 불성 등을 고정된 실체로 생각해서는 안 된다. 한 물건도 없는 본래무일물(本來無一物)의 자리는 그 어떤 개념으로도 규정할 수 없는 것이기 때문이다. 임제선사가 『임제록』에서 "무위진인, 이 무슨 똥덩어리 같은 말이냐!"라고 무위진인을 실체시하는 학인을 비판하고 있는 법문을 깊이 사유할 필요가 있다. 주인공이니, 본래면목이니, 불성이니, 무위진인이니

하는 말에 집착하는 순간 그것은 이미 그것이 아니기 때문이다.

『전등록』에서 장사경잠선사의 법문도 이런 점을 일깨우고 있다.

내가 매양 종교만을 선전한다면 법당에 풀이 한 길이나 자라게 된다. 그러므로 나는 부득이 그대들에게 말하노니 시방세계가 온통 사문의 눈[眼]이요, 시방세계가 온통 사문의 전신(全身)이요, 시방세계가 온통 자기 광명이며, 시방세계가 온통 자기 광명 속의 것이며, 시방세계가 온통 자기 아닌 사람이 없다.

진리란 우리 눈앞에 벌어지는 삼라만상의 모습과 작용에 다름 아니다. 진리란 초월적인 것도 잠재된 것도 아니다. 우리 눈앞에 항상 드러나 있는 것이다. 그래서 진리는 바로 평상(平常)의 도리와 다르지 않다고 한다. 배고프면 밥 먹고, 목마르면 물 마시고, 졸리면 잠자는 것처럼 일상생활에서 이루어지는 생활 속에 곧 진리가 살아있다고 한 것이다.

경계와 사람에 속지 않고 삶을 굴려라

그런데도 사람들이 진리를 제대로 깨닫지 못하는 것은 왜일까? 그것은 바로 번뇌와 집착의 방해 때문이다. 망상과 집착이 진실된 자아의 눈을 가리는 것이다. 임제선사의 가르침은 진실된 자아인 참사람[眞人]을 회복하는 것, 그것이 곧 진실을 얻는 것이고 나아가 진실이 곧 자신이 됨을 말하고 있다. 인생의 '주인' 이 되기 위하여 우리가 취해야 할 중요한 태도는 평상의 삶에서 욕심과 편견, 집착을 버리는 방법이 가장 효과적이다. 그러한 집착과 분별심을 버렸을 때 늘 깨어있는 마음이 되어서 눈앞에 나타나는 진실을 그대로 깨닫게 된다고 선사들은 누누이 강조하고 있다.

언제 어디서나 주인의 삶을 살라는 이러한 가르침은 『능엄경』에서 손님과 티끌, 주인과 허공의 비유로도 등장한다. 상주하는 주인은 손님이 오든 가든 본래 그를 따라 가지 않는다. 즉, 손님과 티끌은 망상에 비유하고, 주인과 허공은 자성(自性)에 비유된다. 상주하는 자성이 본래 문득 일어났다가 꺼지는 망상을 따르지 않는 것을 비유한 법문이다. 이른바 방거사가 노래한 "스스로 만물에 무심하기만 하면, 만물이 항상 둘러싸고 있다 해도 무슨 방해가 되겠는가?"(방거사 어록)하는 뜻이다.

티끌은 스스로 흔들리지만 본래 맑고 고요한 허공에 장애가 될 리 없다. 이는 망상이 스스로 일어나거나 없어지는 것일 뿐, 본래 여여부동(如如不動)한 자성을 가리지 않음을 비유한다. 이른바 "한마음이 일어나지 않으면 만법에 허물이 없다[一心不生 萬法無垢]."라는 것이다. 수행자가 주인과 손님, 허공과 티끌을 가려낼 수 있는 수행을 하게 되면 망상이 더 이상 공부에 장애가 되지 못한다. 이것이 이른바 "알아차리면 억울한 꼴은 당하지 않는다."라는 뜻이다. 그래서 수행자는 언제 어디서나 고요하게 깨어있는 마음으로, 삶에 끌려가는 것이 아니라 주체적으로 삶을 굴려야 한다. 천상천하에 홀로 존귀한 우주의 주인이 되느냐, 아니면 스스로 속박되어 노예의 삶을 사느냐는 오로지 각자의 지혜로운 안목과 용기에 달려있다.

선종의 제22조 마노라존자의 게송에 다음과 같은 내용이 있다.

> 마음이 만 가지 경계를 따라서 구르니[心隨萬境轉]
> 구르는 곳에 참으로 능히 깊숙하네[轉處實能幽]
> 흐르는 것을 따라서 본성을 얻으면[隨流認得性]
> 기쁨도 없고 또한 근심도 없느니라[無喜亦無憂].

마음이 만 가지 경계를 따라서 구른다는 것은 중생이 보고 듣고 냄새 맡고 생각하면서 한량없는 업을 짓는 것을 말한다. 그런데 그 자리가 모두 '깊숙하다[幽]'는 것이다. '깊숙하다'는 것은 오묘하고 심오해서 그 속에 무한의 진리, 무한의 법계성이 있다는 말이다. 본성이란 본래의 마음자리, 법계성이다. 법계성을 떠난 외에 다른 것이 나오는 것이 아니라 여러 가지 흐르고 보고 듣고 하는 모든 것이 다 본래의 마음자리, 법계성이 있기 때문에 심오해서 알기 어렵다는 뜻이다. 그러나 흐르는 것을 따라서 본성을 얻으면 기쁨과 근심 걱정이 없다고 말한다.

"법계는 걸림이 없고, 형상이 없는 것이라
는 도리"를 깨달아야 하며, 그런 뒤에 몸을
단정하게 하고 반듯하게 앉아 마음을 특
정한 부처님에게 묶어두어야 하고, 오로
지 부처님의 이름을 부르며 생각과 생각
을 이어가야 한다. 그렇게 하면 생각 속에
서 마침내 삼세의 모든 부처님들을 보게
된다.

일상삼매와 일행삼매

　미국 프로농구 시카고 불스 팀의 필 잭슨 감독은 수년 전 팀을 우승으로 이끈 비결을 '무심(無心)'이라는 말로 표현한 적이 있다. 그가 사용한 '무심'이란 말은 아무 것도 생각하지 않는다는 것이 아니라, 오직 한 가지에만 일념(一念)으로 집중하되 함이 없이 한다는 뜻이다. 당시 이 팀은 농구만 생각했음은 물론, 지고 이기는 승부조차도 집착하지 않으려 했다고 한다. 팀 구성원 모두의 마음이 한 곳으로 모아지니 자연히 동작이 유연해지고 각자의 기능이 십분 발휘될 수 있었던 것이다.

　무슨 일을 하든 한 곳에 집중해서 전력을 다하는 것, 이것도 결국엔 자기 안의 불성을 찾는 길과 유사하다. 독일의 철학자 칸트는 집중력을 키우기 위해 하루 2시간씩 방안에서 창문만 바라보았다고 한다. 창문을 바라보면서 칸트는 과연 무슨 생각을 했을까. 아마도 망상을 했다면 위대한 철학자가 되지는 못했을 것이다. 무엇인가 일념으로 묻고 또 물었을 것이 분명하다.

일반인들도 마찬가지이다. 생활 주변에서 흔히 들을 수 있는 물소리, 바람소리, 빗소리에 집중하다 보면 귀가 밝아짐을 느낄 수 있다. 나무나 강, 하늘이나 촛불 같은 것을 오래 바라보면 눈이 맑아지면서 정신이 맑아짐을 경험할 수 있을 것이다. 언제 어느 곳에서도 마음을 집중하고 공부할 수 있는 방편이 있지만, 생활 속에서 우리가 그것을 제대로 이용하지 못하고 있을 뿐이다.

그렇다면 언제 어디서나 무심행을 실천할 수 있는 방법은 없을까. 사실 조사선은 고요할 때 공부하는 좌선 위주의 선(禪)이라기보다는 걷고 머물고 앉고 누워있을 때나, 말하고 침묵하고 움직이고 고요할 때를 가리지 않는 생활선으로 정립되었다. 실제로 시끄러운 저잣거리가 고요한 산사에서보다 공부하기는 어렵지만 요령을 체득한다면 더욱 큰 수행력을 얻을 수 있다. 송나라 때 대혜(大慧)선사는 『서장(書狀)』에서 "시끄러울 때 싫어하는 생각을 일으키면 이것은 그 마음을 요란하게 할 뿐이다."라며 "시끄러운 속에서 참선에 대한 힘을 얻으면 그것은 고요한 곳에서 얻는 것보다 백천만 배가 더 낫다."라고 설했을 정도다.

출가 수행자들은 고요한 곳에서 공부를 할 수 있지만, 재가자들은 번잡한 생활 속에서 공부할 수밖에 없기에 시끄러운 곳에서 하는 선, 즉 '동중선(動中禪)' 또는 '요중공부(擾中工夫)'를 익힐 도리밖에 없다.

동중선은 밖에 아무리 시끄러운 것이 있다 하더라도 그 시끄러운 대상에 관심을 두지 않고 스스로 자기 자신을 관조하고 자기가 의심하고 참구하는 화두와 하나 되는 공부이다. 일제강점시기의 독립운동가

이자 선사였던 만해 한용운(韓龍雲)스님은 "선이라고 하는 것은 마음을 조용하게 하는 것이지 어떤 환경을 조용하게 하는 것이 아니다. 마음을 움직이지 않는 것이지 몸을 움직이지 않는 것이 아니다. 만약 몸만을 움직이지 않으려고 노력한다면 이것은 독선(獨善)에 해당되는 것이다."라고 말한 적이 있다.

이처럼 조사선은 언제 어디서나 공부할 수 있는 방편을 제시하였다. 그 요체를 설한 것이 바로, 일상삼매와 일행삼매의 법문이다. 6조 혜능선사는 『육조단경(六祖壇經)』에서 이렇게 법문하고 있다.

> 여러분의 자심(自心)이 부처이니, 다시는 의심치 말라. 밖에는 한 물건도 따로 건립된 것이 없다. 근본 마음에서 만 가지 모든 법이 생기는 것이다. 그러므로 경에 말씀하시기를 '마음이 생기므로 갖가지 법이 생기고, 마음이 멸하므로 갖가지 법이 멸한다.' 하였으나, 그대들은 모름지기 일상삼매(一相三昧)와 일행삼매(一行三昧)를 알아야 한다. 일상삼매란 것은 온갖 곳에서 형상에 머무르지 않고, 그 형상에 대하여 미움도 사랑도 없으며, 갖지도 버리지도 않으며, 이롭다고도 생각지 않고 흩뜨려 무너뜨리겠다고도 생각하지 않고 저절로 안락하기 때문에 일상삼매라 한다. 일행삼매라 함은 온갖 곳에 다니고 멈추고 앉고 눕는 것 모두가 하나의 곧은 마음이 되어 그대로가 도량이며 그대로가 정토(淨土)인 것이다. 이것을 일행삼매라 한다.

일상삼매란 우주를 오직 하나의 상(相), 절대의 상으로 보는 공부이다. 『법성게(法性偈)』에서 '법성은 원융하여 둘이 아닌 모양[法性圓融無二相]이다.' 할 때의 법성(法性)과 똑같은 뜻이다. 모든 존재를 하나로 보는 일상삼매는 다시 말하면, 모든 존재를 진공묘유(眞空妙有) 또

244

는 무량광명(無量光明)으로 본다는 말이다. 즉, 우주를 일심(一心)으로 보는 그런 견해를 안 끊기고 사뭇 이어가는 것이 일행삼매인 것이다. 법성, 불성에다 마음을 안주해 두어야만 우리 마음이 불성과 계합(契合)된다는 가르침이기도 하다. '내가 부처요, 우주가 바로 부처다' 하는 그 마음을 잠시도 놓지 않는 이 공부는 마치 고양이가 한눈도 팔지 않고 쥐를 노려보듯이 해야 한다고 해서 '여묘포서(如猫捕鼠)'로 비유하기도 한다.

그리고 일행삼매는 우주를 한 덩어리로 보는 견해인 일상삼매를 안 끊기게 이어가는 공부이다. 천지우주를 한 덩어리로 보는 그 견해를 앞생각 뒷생각에 딴 잡된 생각이 안 끼어들도록 염념상속(念念相續)하는 수행이다. 비유하면 '여계포란(如鷄抱卵)'이라, 마치 어미 닭이 계란을 품듯이 하는 것이다. 어미 닭이 계란을 부화시키기 위해 품을 때는 오랫동안 공을 들여야만 병아리가 되는 것과 같은 이치이다.

일상삼매, 일행삼매를 해야만 참다운 동중선이라 할 수 있는데, 이것은 결코 쉬운 일이 아니다. 초보자들은 공부 일념이 몇 분은 고사하고 몇 초도 지속되기 어렵기 때문이다. 그래서 고인들은 이를 극복하기 위해 대발심으로 딱 믿어서 후퇴 없는 믿음, 즉 '결정신(決定信)'을 내야 한다고 말했다. 그러한 대신심과 대발심이 갖춰진다면 일상삼매와 일념삼매의 공부가 점차 무르익는다는 의미다.

5조 홍인선사와 그의 제자인 6조 혜능선사는 『문수설반야경』에 입각하여 일행삼매를 중시했다. 특히 홍인선사는 일행삼매 또는 진여삼매를 "진여법계는 평등한 일상(一相)이라 관하고, 있는 그대로의 모습을 관상하는 삼매"라고 말했다. 혜능선사는 일행삼매를 해석하여 "항상 언제 어디서나 행주좌와(行住坐臥)에 걸림 없이 참다운 진심이 되도록 하는 것"이라 했다.

그렇다면, 이제 어떻게 해야 이 삼매에 들어갈 수 있을까?

『문수설반야경』에 따르면 이 삼매를 실천하기 이전에 먼저 반야바라밀을 배워야 한다고 설한다. 경전에서 가르친 바에 따라 수행하여 "법계는 걸림이 없고, 형상이 없는 것이라는 도리"를 깨달아야 하며, 그런 뒤에 몸을 단정하게 하고 반듯하게 앉아 마음을 특정한 부처님에게 묶어두어야 하고, 오로지 부처님의 이름을 부르며 생각과 생각을 이어가야 한다. 그렇게 하면 생각 속에서 마침내 삼세의 모든 부처님들을 보게 된다는 것이다.

그래서 일행삼매는 실질적으로 염불선의 유심(唯心)염불과 실상(實相)염불의 결합에서 유래했다고 볼 수 있다. 염불은 마음을 안정시키고 도에 들어가는 탁월한 방편의 하나이다. 유심염불을 통과하고 나면 "마음을 떠나 별도의 부처님이 있을 수 없다."라는 사실을 알게 되며, 몸과 마음의 한마디 한마디나 일체의 거동이 깨달음의 도량 아닌 것이 없다는 사실을 알게 되는 것이다. 단정하게 앉아 실상을 생각하는 실상염불을 통과하면 법계실상의 이치를 증득할 수 있으며, 부처와 하나가 되는 경계에 도달할 수 있다는 법문이다.

직심(直心)으로 형상에 머물거나 집착하지 말라

혜능선사는 구체적인 일상삼매의 공부법으로 온갖 곳에서 형상에 머물거나 집착하지 말고, 그 형상에 대하여 미움도 사랑도 갖지 말라고 설한다. 어떤 경계이든 간에 갖지도 버리지도 않으며, 이롭다거나 손해된다는 분별심을 갖지 않으면 저절로 안락해진다는 것이다. 결국 사랑하고 미워하는 마음, 좋아하고 싫어하는 분별심을 내지 않으면 모든 경계는 일심으로 귀결되어 집착과 망상으로부터 자유로울 수 있다는 법문이다. 혜능선사는 일상삼매에 있어서도 언제 어디서나 행주좌와(行住坐臥)에 걸림 없이 '곧은 마음[直心]'을 유지할 수 있다면 우리가 사는 곳곳이 정토가 되리라고 확신하고 있다.

그는 "곧은 마음이 도량이요, 곧은 마음이 정토다[直心是道場 直心是淨土]."라는 『유마경(維摩經)』 법문을 인용하며 일행삼매를 보다 구체적으로 설명하고 있다.

> 마음에 아첨하고 굽은 생각을 가지고 입으로만 법의 곧음을 말하지 말라. 입으로는 일행삼매를 말하면서 곧은 마음으로 행동하지 않으면 부처님 제자가 아니니라. 오직 곧은 마음으로 행동하여 모든 법에 집착하지 않는 것을 일행삼매라고 한다. 그러나 미혹한 사람은 법(法)의 모양에 집착하고 일행삼매에 국집하여 앉아서 움직이지 않는 것[坐不動]이 곧은 마음이라고 하며, 망심(妄心)을 제거하여 마음이 일어나지 않는 것이 일행삼매라고 한다. 만약 이와 같다면 이 법은 무정(無情)과 같은 것이므로 도리어 도를 장애하는 인연이니라.
>
> 『육조단경』

"오직 곧은 마음으로 행동하여 모든 법에 집착하지 말라."라고 당부하는 혜능선사는 좌선이라는 형식, 인위적으로 망심을 제거해야 한다는 고정관념을 '법에 대한 집착[法執]'으로 규정하고 이마저도 내려놓을 수 있는 철저한 '방하착(내려놓음)' 공부를 다시 강조하고 있다. 좌선 위주의 정중선(靜中禪)에서 동중선을 강조한 혜능선사는 이를 위해 지혜와 선정을 동시에 닦는 정혜쌍수(定慧雙修)의 필요성을 역설하게 된다.

> 선지식들아, 나의 이 법문은 정(定)과 혜(慧)로써 근본을 삼나니, 첫째로 미혹하여 혜와 정이 다르다고 말하지 말라. 정과 혜는 몸이 하나여서 둘이 아니니라. 곧 정은 이 혜의 몸이요 혜는 곧 정의 씀이니[卽定是慧體 卽慧是定用], 곧 혜가 작용할 때 정이 혜에 있고, 곧 정이 작용할 때 혜가 정에 있느니라.
> 선지식들아, 이 뜻은 곧 정·혜를 함께 함이니라[定慧等]. 도를 배우는 사람은 짐짓 정을 먼저 하여 혜를 낸다거나, 혜를 먼저 하여 정을 낸다고 해서 정과 혜가 각각 다르다고 말하지 말라. 이런 소견을 내는 이는 법(法)에 두 모양[相]이 있는 것이다. 입으로는 착함을 말하면서 마음이 착하지 않으면 혜와 정을 함께 함이 아니요, 마음과 입이 함께 착하여 안팎이 한 가지면 정·혜가 곧 함께 함이니라.
>
> 『육조단경』

혜능선사는 선정과 지혜를 고루 닦고 마음과 말, 행동으로 직심(直心)을 행하는 것이 일행삼매임을 분명히 하고 있다. 또한 그는 "마음이 머물러 있지 않으면 곧 통하여 흐르는 것이요, 머물러 있으면 곧 속박된 것"이라면서, "도(道)는 모름지기 통하여 흘러야 하는 것"이라고 강조하고 있다. 동중선을 통해 살아 있는 공부를 해야 한다는 의미를 암시하고 있는 것이다.

참선에서는 정(定)과 혜(慧)를 적(寂)과 조(照), 지(止)와 관(觀), 또는 적적성성(寂寂惺惺)과 성성적적(惺惺寂寂)으로 대치하곤 한다. 간화선이든, 묵조선이든 염불선을 하든 이 선정과 지혜는 늘 동시에 이뤄져야 한다. 그래서 성성적적하게 깨어있되, 적적성성하게 고요함을 유지해야 한다는 것이다. 간화선에서 '성성'은 화두가 떠나지 않는 상태를 나타내고 '적적'이란 번뇌가 붙지 않는 상태를 말하기도 한다. 중국 근대의 고승 허운선사는 『방편개시』에서 "정과 혜를 두루 밝게 하고 진(眞)과 속(俗)을 한데 어우러지게 하여, 삼매에 깊이 들어서 한 생각도 나지 않게 하면, 곧 한량없이 많은 세계와 나와 남이 털끝만큼도 떨어져 있지 않음을 보게 될 것"이라며 정혜와 진속이 둘이 아님을 강조하기도 했다.

들음을 돌이켜 자성을 듣는다

일행삼매를 닦는 공부인이라면 행주좌와에 있어 마음 밖에서 법을 보지 말고, 매일 경계에 끄달리지도 말고, 더위가 가건 추위가 오건 나하고는 아무 상관이 없는 것으로 임해야 한다. 여여부동(如如不動)

해서 가볍게 움직이지 않고 생각 생각에 망상을 일으키지 않아야 경계에 끄달리지 않게 되고 세월을 헛되이 보내지 않게 된다.

마음 밖에서는 한 법도 얻을 수 없으니, 자기 마음이 바로 부처임을 깊이 자각하는 것이 일상삼매라고 했다. 범부의 마음이란 바로 집착심, 성냄, 환희심을 내는 것, 비방이나 칭찬에 마음이 흔들리는 것, 여색을 탐하는 것, 재물을 탐하는 것, 좋은 옷 입기 좋아하고, 맛난 음식 먹기 좋아하는 것, 게으름 피우는 것, 어리석은 생각을 하는 것이다. 심지어 부처가 되겠다고 생각하는 것조차 범부의 마음이다. 그렇기에 고인들은 만약 범부와 성인을 모두 잊고 일체처에서 여여부동하여 바깥으로 구하지 않을 수 있으면 곧 자기 마음이 부처임을 보게 될 것이라고 말했던 것이다.

선 수행자라면 누구나 공부하면서 회광반조(廻光返照)하기 때문에 망상이 있는 줄 알아차릴 수 있을 것이다. 회광반조란 지금까지 수동적으로 비추던 것이 스스로 비출 수 있는 힘을 되찾아서 비춘 것을 되비치는 것을 의미한다. 본래의 심성이 반조되어 망상인 줄 알면 그것에 상관하지 말고 여여부동하면 된다. 망상인 줄 알아차리는 순간, 번뇌는 자취도 없이 사라지기 때문이다.

직장이나 가정에서 부딪히는 온갖 인간관계나 경계에서도 마찬가지이다. 직장 상사나 부인으로부터 이유 없이 욕을 먹으면 순간적으로 화가 치솟고 똑같이 욕을 해주고 싶은 생각이 일어난다. 공부는 바로 이 순간에 해야 된다. 욕이 목구멍까지 올라왔을 때 욕을 하려는 것을 그만두고 '참나는 누구인고?' …… '이 뭣고?' …… '이 뭣고?' 하고 바로 화두로 돌려야 한다. 이것이 바로 '들음을 돌이켜 자성을

듣는다[反聞聞自性].' 라는 『능엄경(楞嚴經)』의 도리이다. 언제 어디서
나 밖에서 부딪히는 경계나 안에서 올라오는 망상을 대함에 있어, 무
심한 마음챙김으로 번뇌하는 그 당처(當處)를 돌아보는 공부가 바로
일행삼매를 닦는 동중선인 것이다.

물론 처음에는 동중선이 좌선하는 것보다 어렵게 느껴질 수도 있지
만, 자꾸 숙달이 되다 보면 참 재미있는 공부임을 알게 된다. 아침에
잠에서 깨어나 잠들 때까지 이런 공부 습관을 들이면, 일행삼매를 자
연스럽게 경험할 수 있고 어느새 어떤 상황에서도 태산같이 여여부동
한 자신을 발견하게 될 것이다.

이러한 자신감은 수행은 물론 일상적인 일을 성취함에 있어서도 큰
위력을 발휘하게 한다. 일과 수행, 수행과 일이 둘이 아닌 동중선, 일
상선의 도리를 체득하면 늘 삼매 속에서 살며 자유와 해탈을 구가하
는 자유인의 삶을 살아가는 길이 눈앞에 펼쳐질 것이다.

열반의 참뜻은 '지금 여기'에서 생사로부
터의 해탈을 그대로 체득하라는 가르침이
다. 결국 피안이 따로 있는 것이 아니라 차
안이 곧 피안이고, 세간이 바로 출세간이
며, 생사가 바로 열반이고, 범부가 곧 성인
이라는 둘 아닌 이치를 깊이 자각할 때 삶
의 현장 속에서 생사를 극복할 수 있게 되
는 것이다.

웰빙과 웰다잉 – 생사가 곧 열반이다

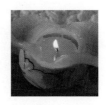

세상 사람들이 좋아하지 않는 3가지 법, 즉 노·병·사(老病死)가 있기 때문에 모든 부처님께서 세상에 나오셨고, 또 세상 사람들도 모든 여래 께서 깨달으신 법을 널리 연설하심을 알았다.

『잡아함경』「삼법경」

이는 불교의 발생 자체가 생사문제에 대한 성찰에서 비롯되었음을 시사하는 법문이다. 석가모니부처님을 비롯한 여러 부처님께서 생사 문제에 대한 의문으로부터 시작해 도를 닦고, 이 문제의 완벽한 해결 이 가능함을 몸소 보여주셨음을 의미한다. 따라서 불교의 수많은 가 르침과 수행법이 모두 생사문제를 해결하는 데 초점을 맞추고 있음을 알 수 있다.

최근 여유와 품위를 잃지 않고 생을 마감하는 '웰다잉(well-dying)'에 대한 관심이 높다. '잘 죽는 것이 잘 사는 것'이라는 관점

아래 우리 사회에 웰빙(well-being) 못지않게 웰다잉에 대한 관심이 높아진 것은 인생의 근본문제가 죽고 사는 문제의 해결에 있다는 것을 다시 한 번 일깨워 준다.

생사문제에 대한 관심은 중국 선종에 이르러서도 가장 근본적인 화두였다. 중봉명본(中峰明本)선사는 "출가자는 생사대사(生死大事)를 뼈아프게 여겨 출가하여 머리를 깎고 승복을 입었다. 그러니 머리에 붙은 불을 끄는 것처럼 화급히 하더라도 오히려 시간이 없을 텐데, 편안함에 안주해서야 되겠는가!"라고 경책을 주었다.

이처럼 선(禪)의 궁극적 목적은 생사윤회를 극복하여 생사해탈의 길로 나아가는 것이라고 할 수 있다. 물론 생사를 극복하기 위해 일차적으로 추구해야 할 목표는 깨달음이다. 때문에 감산대사는 그의 저서 『몽유집(夢遊集)』에서 "미혹되면 생사가 시작되고 깨달으면 윤회가 사라진다. 달마가 서쪽에 이르러 문자를 세우지 않은 까닭은 누구든지 자신의 마음을 깨닫기만 하면 그만이기 때문이다."라고 하였다.

생사의 근본을 규명하기 위해서는 무상(無常), 고(苦), 무아(無我)의 삼법인을 철저히 요달해야 한다. 모든 존재에 자체적인 실재성이 없다는 무아와 연기법(緣起法)의 관점에서 보면 생(生)도, 사(死)도 실재하는 것이 아니다. 다만 꿈과 환상같이 실재하는 것처럼 보일 뿐이다. 생과 사가 모두 '토끼 뿔', '거북 털'과 같이 이름으로만 존재하기에 생과 사가 다를 바가 없다. 즉, '생즉사 사즉생(生卽死 死卽生)'인 것이다.

선가에서는 생과 사, 생사와 열반에 대해 분별하는 것을 망념으로 본다. 생사와 열반을 분별하여 생사는 싫어하면서 열반은 얻어야 할 절대적인 것으로 여긴다면 결코 생사를 극복하지 못한다는 것이다.

열반의 참뜻은 '지금 여기'에서 생사로부터의 해탈을 그대로 체득하라는 가르침이다. 결국 피안이 따로 있는 것이 아니라 차안이 곧 피안이고, 세간이 바로 출세간이며, 생사가 바로 열반이고, 범부가 곧 성인이라는 둘 아닌 이치를 깊이 자각할 때 삶의 현장 속에서 생사를 극복할 수 있게 되는 것이다.

결국 '생사 즉 열반(生死卽涅槃)'이란 대립적인 사고를 초월한 선사들의 삶이야말로 진정한 깨달음의 시현자라고 볼 수 있다. 이런 까닭에 선에서는 육신을 소멸해 없어질 껍데기와 같은 존재라 하여, 일명 '똥자루' 버리는 일에 대해 슬퍼하거나 두려워하지 않는다. 심지어 해탈의 즐거움을 얻는다고 기뻐한다. "생멸이 없어진 자리에 적멸의 세계가 있고, 적멸은 즐거움이 된다."라는 법문이 이를 설명해 준다. 특히 선사들은 임종에 이르러 생사로부터 자유로운 경지를 좌탈입망(坐脫立亡, 앉아서 죽고 서서 죽는다)이라는 극적인 모습을 통해 생생한 묵언의 가르침을 보여준 사례가 적지 않게 전해져 오고 있다.

3조 승찬선사는 뜰을 거닐다 나뭇가지를 잡은 채 서서 열반하였고, 등은봉선사는 물구나무 선 채로 열반하였다. 관계선사는 몸을 태울 화장나무를 미리 준비해 그 위에 서서 열반했고, 보조국사는 제자들과의 백문백답을 마친 다음 법상에서 내려와 마루에 앉아 그대로 입적했다고 한다. 한국의 근현대 고승들 가운데서도 밧줄을 붙잡고 화두를 외치며 죽음을 맞은 순천 송광사의 효봉스님을 비롯해 오대산 상원사의 한암스님, 백양사의 만암스님, 송광사의 초대 방장 구산스님, 조계종 5대 종정을 지낸 백양사의 서옹스님, 청원 탄공선원의 탄공스님, 고창 선운사의 기산스님, 범어사 청련암의 양익스님 등이 모두 좌탈하였다.

생사로부터 자유자재한 한국과 중국 선사들의 기이한 임종 장면과 일화를 되돌아보면서, 참된 해탈의 길은 무엇인지 깊이 사유해 보자.

입적 후 3일 뒤에 주먹을 내어지른 금포스님

한국 근대의 고승인 금포스님이 입적하기 3년 전, 김해 동림사에 있던 화엄스님이 금포스님이 머물던 선산 대도사로 찾아갔다.

그때 금포스님이 화엄스님에게 질문했다.

"석가모니부처님께서는 가섭존자에게 세 곳에서 세 번 법을 전하였지. 화엄스님은 그것을 알고 계신가?"

"네, 중인도 비야리성의 사자탑 앞에서 설법을 하시다가 늦게 도착한 가섭존자에게 앉으셨던 자리를 나누어 두 분이 함께 앉으신 것이 하나요, 영산회상에서 부처님이 꽃 한 송이를 들어 보이시자 가섭존자가 빙그레 웃은 것이 그 둘이며, 사라쌍수에서 열반에 드신 후 7일 만에 도착한 가섭존자에게 두 발을 보이신 것이 그 세 번째입니다."

"법은 한 곳에서 한 번만 전달해도 충분한데, 왜 부처님께서는 세 곳에서 세 번이나 법을 전하였는가? 한번 말해 보게."

화엄스님은 답을 하지 못하였고, 그 질문은 하나의 큰 충격이 되어 머릿속을 떠나지 않았다. 그날 이후, 화엄스님은 3년 동안을 밤낮 없

이 몰아쳐서 마침내 해답을 찾았다. 그리고는 금포스님을 찾아가 그 빚을 갚기로 마음먹고 깊은 환희심을 품고 금포스님을 찾았다. 하지만, 이미 스님은 입적한 지 3일이 지난 뒤였다. 화엄스님은 그냥 발걸음을 돌리기가 허망하고, 3년 전에 받은 큰 충격과 그동안의 공부가 너무나 절실하고 컸기에 죽은 시신이라도 보아야겠다며 억지를 써서 시신과 대면하게 되었다.

금포스님은 눈을 뜬 채 누워 있었다.

화엄스님은 금포스님의 시신 옆에 앉아 말했다.

"스님, 3년 전에 제게 질문을 주셨듯이 지금 다시 한 말씀 주십시오."

그러자, 죽은 지 3일이 된 죽은 금포스님의 시신이 오른쪽 주먹을 들었다.

화엄스님은 깜짝 놀라 다시 말했다.

"방법을 바꾸어 한 마디 더 해 주십시오."

이에 금포스님은 또 다시 오른쪽 주먹을 들어 보였다.

분명히 입적한 지 3일 된 시신이 질문을 하기가 바쁘게 오른쪽 주먹을 두 번이나 들었으니, 과연 죽었다고 해야 할까? 살았다고 해야 할까? 본래 나고 죽음이 없는 법신(法身)이 육신을 통해 드러낸 생생한 법문이 아닐 수 없다.

아버지와 남매가 릴레이 입적한 방거사 가족

죽기 전에 입적 시각을 미리 스스로 정한 방거사(龐居士)가 만년에 호북 양주 땅에서 토굴을 짓고 공부할 때의 일이다. 늘 따라 다니며 시봉하던 그의 딸 영조에게 다음과 같이 당부하였다.

"저 창밖에 서서 해를 잘 지켜보고 있다가 해가 꼭 정오가 되거든 일러다오."

말을 마치고는 토굴 속으로 들어가 단정히 앉아 입적을 준비하는 좌선삼매에 들었다. 태양은 중천으로 떠올라 드디어 정오가 되었다. 영조는 굴을 향하여 큰 소리로 외쳤다.

"아버지! 정오가 되었습니다. 그런데, 오늘은 일식을 하는군요."

좌선삼매에 들어 있던 거사는 이 말을 듣고 벌떡 일어나 밖으로 나가 하늘을 살펴보았다. 이때 영조는 재빨리 굴속으로 들어가 자기 아버지가 조금 전까지 앉아서 참선하던 자리에 얼른 가부좌를 틀고 앉았다. 그리고는 합장을 하며 두 눈을 고요히 내려감고 삼매에 들었다.

"이 놈 보아라."

거사가 굴 안으로 들어왔을 때는 이미 때가 늦었다. 영조는 벌써 삼매에 든 채 숨을 거두고 말았던 것이다. 영조는 일찍부터 묘한 선지를 체득하여 때때로 그 아버지를 골탕 먹이곤 하였는데, 이번에도 아버지가 먼저 열반에 들려다 그만 딸에게 기선을 빼앗긴 셈이었다.

"할 수 없군. 나보다 솜씨가 빠르니 나는 1주일 늦출 수밖에!"

거사가 그의 딸 영조의 다비(화장)를 마치고 1주일째 되던 날, 그 고을의 태수가 거사를 찾아왔다. 태수는 방거사와는 절친한 사이로 서로 뜻이 맞는 도반이었다. 두 사람은 여러 가지 법담을 나누며 오랫동안 쌓였던 회포를 풀었다.

현묘한 도담(道談)이 한창 무르익을 즈음 방거사가 갑자기 태수의 얼굴을 뚫어지게 응시하더니, 자세를 고쳐 정좌하고는 "허공 꽃[空華]의 그림자는 떨어지고 아지랑이는 물결치는구나."라고 한마디 하고는 친구의 무릎을 베고, 그대로 입적해 버렸다.

태수는 사람을 시켜 이 소식을 거사의 아들에게 전하게 했다. 이때 그의 아들은 마침 황무지를 개간하느라 흙투성이가 되어 일하고 있었다.

그는 부친이 돌아가셨다는 황당한 소식을 듣고도 얼굴빛 하나 변하지 않고 "아, 그렇습니까? 먼저 가셨군요." 하고 담담하게 남의 일처럼 말하더니, 그 자리에서 괭이를 짚고 서서 그대로 입망(立亡)해 버렸다. 얼마를 지나도 그가 고목나무처럼 꼿꼿이 서서 움직이지 않자 사자가 이상하게 생각하고 건드려 보았더니, 이미 뻣뻣하게 굳어 있었다.

놀라고 당황한 그는 쏜살같이 거사의 부인인 방 노파한테 달려가 이런 사실들을 모두 전했다.

"정신 나간 사람들 같으니라고. 한 마디 말도 없이 가다니. 못나도 분수는 있어야지."

방 노파 역시 이 소식을 듣고도 놀라거나 비통해 하기는커녕 오히려 못났다고 나무라는 것이었다. 그는 곧 아들이 입적한 곳으로 가서 그 시신을 거두어 화장한 후 유골을 처리하고는 고향으로 돌아가 두루 이별을 고하였다. 그 후 그의 생사 거취를 아는 사람은 아무도 없었다고 한다.

이처럼 방거사 가족은 모두 생사를 초탈한 자유인의 기상을 가진
도인들이었다.

스스로 관에 들어가 허공으로 사라진 보화선사

임제선사의 도반인 보화(普化)스님이 하루는 거리에서 지나가는 사람들에게 승복을 구걸했다. 사람들이 모두 승복을 갖다 주었지만, 보화스님은 웬일인지 "모두 필요 없다." 하고 받지 않았다.

그러나 임제선사는 그 뜻을 간파하고 원주를 시켜 관(棺)을 하나 사오게 했다. 그리고는 보화스님에게 "내가 그대를 위하여 승복을 한 벌 만들어 놓았소." 하자, 보화스님은 기분 좋게 곧바로 관을 짊어지고 거리로 나가, "내일 내가 동문(東門) 밖에서 세상을 하직하겠다."라고 선언했다.

다음 날 사람들이 동문으로 구름처럼 몰려가 보니 말짱 거짓말이었다. 다음 날엔 또 남문 밖에서 세상을 하직할 것이라고 해 사람들이 다시 몰려가 보니 역시 아무 일도 일어나지 않았다.

이러기를 3일, 4일째 되는 날에는 아무도 믿는 사람이 없었다. 보화스님은 혼자 관 속으로 들어가 길 가는 사람에게 관 뚜껑에 못질을 해달라고 부탁했다. 이 소식이 즉시 시내에 알려지자 사람들은 다투어 가서 관 뚜껑을 열어보았다. 하지만 관을 열어 보니 시체는 이미 보이지 않았다. 몸 전체가 완전히 사라져 버린 것이었다. 다만 공중에서 요령 소리만 딸랑딸랑 울릴 뿐이었다.

물구나무서서 입적한 등은봉선사

마조선사의 제자인 등은봉(鄧隱峰)선사는 평소에도 괴팍하기 이를
데 없었다.

그가 하루는 제자들에게 물었다.

"예로부터 서서 죽은 사람이 있는가?"

"있습니다."

"그렇다면 거꾸로 서서 죽은 사람도 있느냐?"

"그런 사람은 없습니다."

그러자 등은봉선사는 갑자기 물구나무서기를 하더니 그대로 입적
해 버렸다. 여러 사람들이 달려들어 넘어뜨리려 해도 꼼짝하지 않아
서, 다비를 할 수가 없었다.

이 기괴한 소식은 삽시간에 고을 전체로 번져 나갔다. 마침 비구니
로 있던 속가 누이가 이 소식을 듣고 달려 왔다. 누이동생은 "오라버
니는 살아생전에도 괴팍한 행동만 일삼더니 죽어서도 계속 골탕을 먹
이고 있으니 이것이 무슨 짓이냐?"라고 나무라면서 꼼짝 않고 서 있
는 오빠의 시신을 '탁' 치니 그대로 넘어갔다.

늘 평상심과 무심으로 욕심 없이 살려는
노력이 선(禪)과 하나 된 의미 있는 삶이
아닐까. 이렇게만 된다면야 바둑을 두면
기선일여(棋仙一如)요, 차를 마시면 선다
일여(禪茶一如)인 여유로운 삶을 항상 누
릴 수 있을 것임에 틀림없다.

인생은 승패와 생사를 초월한 한판의 바둑

1600년 전, 중국의 동진시대에 지도림(支道林)스님은 바둑을 '수담
(手談)'이라 표현했다. 두 사람이 마주 앉아 입으로는 말이 없이, 손으
로 바둑알을 움직여 서로의 의사를 표현한다 하여 이른 말이다. 이처
럼 바둑은 마음을 주고받는 행위이다. 마치 선사들이 제자에게 마음
에서 마음으로 법(法)을 전하듯이 이심전심(以心傳心)으로 나누는 '무
심의 대화'인 것이다.

이러한 바둑판은 흔히 '삶의 축소판(縮小版)'이라고도 한다. 반상
(盤上)의 승부는 인생의 치열하고도 허망한 한 단면을 보여주기 때문
일 것이다. 승리의 환희심이, 패배의 고통이, 그리고 승패의 덧없음이
한결같은 삶의 축소판이다.

그래서 한판의 바둑은 '제행이 무상한 생멸법[諸行無常 是生滅法]'

의 도리를 극명하게 보여준다. 아무리 아름다운 꽃이라도 열흘 이상 피지 못하므로 '화무십일홍(花無十日紅)'이라 하고, 하늘에 두둥실 떠있는 보름달도 차면 기울기 마련인 제행무상의 '나고 죽는[死活]' 도리를 일깨우는 것이다. 때문에 청나라 순치황제(順治皇帝)는 시간과 공간 속에 사는 인생을 하룻밤의 꿈과 한판의 바둑으로 비유해 이렇게 노래하기도 했다.

백년의 세상 일은 하룻밤의 꿈이요(百年世事三更夢)
만리의 이 강산은 한판 노름 바둑이라(萬里江山一局碁).

바둑이 인생의 축소판이기에, 바둑판 위에서 이기고 지는 일에 목숨을 거는 프로 승부사의 세계가 더욱 사람들의 흥미를 끄는지도 모른다. 대중은 환성과 탄식으로 프로기사들을 지켜보며 승부라는 함정, 착각에 누가 빠지느냐, 실낱같은 줄타기에서 누가 나락(奈落)으로 떨어지느냐를 예의 주시한다. 대국을 지켜보는 자들에게는 명예와 돈을 건 두 기사의 사활을 건 전투이기에 박진감을 느끼는 것이다.

하지만, 정작 바둑을 두는 이에게는 상대방보다는 자기 자신과의 고독한 싸움인 경우가 많다. '입신(入神, 9단의 별칭)'의 경지라고 불리는 프로 9단은 물론이요, 동네 바둑의 고수들조차 이런 원칙에는 예외가 없다. 지난 30여 년간 한국 바둑계를 이끌어온 '바둑황제' 조훈현(曺薰鉉) 국수(國手)는 바둑을 '자기 자신과의 싸움'이라고 정의하면서, "진정한 고수가 되기 위해서는 평상심(平常心)과 무심(無心)을 길러야 한다."라고 말한 바 있다. 오직 '무심', 고요함만이 바둑의 극치를 이루는 길임을 조훈현, 이창호와 같은 세계적인 고수들이 증명하고 있다. 승부는 기술이 아닌 촌각(寸刻)의 흔들림에 결판이 난다는 말이다. 무념무상(無念無想)의 경지에서만이 걸림 없는 한 수(手)를 둘 수 있고, 흔들림 없이 대국을 마무리할 수 있다는 것이 바둑 고수들의 한결같은 말이다.

이처럼 선 수행자들이 생사를 초월하는 것과 마찬가지로, 반상에서 혼신을 다해 싸우되 승패를 뛰어넘는 마음이 바로 무심이다. 하지만 '감정'이 있는 보통 사람에겐 쉬운 일이 아니다. 입신의 경지에 들어선 지 오래인 고수들도 이 '감정 통제'의 어려움을 토로할 정도이니, 이게 수행이 아니고 무엇이겠는가.

승패의 집착을 버릴 때 부동심을 얻는다

바둑에서는 정상급 기사들의 경우 얼마나 더 마음을 비우는 부동심(不動心)을 유지할 수 있느냐 없느냐가 승패를 좌우하는 경우가 많다. 마음이 흔들리면 판세도 흔들리기 마련이어서 승패의 집착(執着)을 버릴 때 좋은 결과가 나타나는 것이다. 물론 아마추어들도 '꼭 이겨야겠다.' 라고 벼르는 판일수록 대체로 지는 일은 얼마든지 경험할 수 있는 일이다.

이와 같은 고도의 '무심 훈련'으로 다져진 바둑 고수들의 '감정 절제'는 대국을 떠난 일상생활에서도 이어지기 마련이다. 살벌한 프로세계에서도 항상 담담하고 여유 있는 삶을 살아가는 정상급 프로기사들은 마치 세속에 사는 도인(道人)처럼 마음 씀씀이도 시민의 존경을 받고 있다. 수백 년의 역사를 가진 일본에서 바둑이 하나의 도(道)로 인정받고 있는 것도 이 때문이다. 바둑의 고수들은 명인(名人)이나 기성(碁聖)이란 칭호를 얻을 정도로 존경을 받고 있다.

철저한 자기 수련과 마음공부를 통해 바둑을 도의 경지까지 끌어올린 명인들은 자만에 빠지지 않기 위해 끝없는 정진을 기본으로 생각한다. 바둑의 세계에는 절대강자가 있을 수 없으며, 궁극의 경지라는 것도 정해진 바가 없기 때문이다. '목숨을 걸고 둔다(조치훈 9단의 말)'는 투혼의 화신들이 수두룩한 것도 이러한 정신 때문이다. 0.01초로 승부를 내는 서부의 총잡이들처럼 승패는 언제나 예측불허이기에, 이창호와 같은 '세계 최고수'도 매일 새벽 1~2시까지 기보를 보며 자신만의 수련 시간을 갖고 있다. 이는 선(禪)에서 언제 어디서나 머물지 말고 정진할 것을 강조하는 '무주(無住)'의 가르침과 다르지 않다. 자신이 최고라는 아상(我相)을 갖기 시작하는 순간 머물게 되고, 머물게 되면 힘들여 쌓은 탑도 순식간에 무너지는 까닭이다.

돌(번뇌)을 버릴 줄 알아야 이긴다

이러한 절정 고수들의 바둑이 가지는 일반적인 특징이 있다면 강(剛)과 유(柔)를 겸비하면서 한쪽에 치우치지 않는다는 점이다. 공격 바둑과 수비(집)바둑의 장점을 절묘한 행마(行馬)바둑으로 조화시키는 이른바 '중도(中道)의 바둑' 이 그것이다. 치우침이 없기에 어떤 유형의 바둑에도 강한 중도의 바둑을 중국의 기성(棋聖) 오청원은 '중화(中和)의 바둑' 이라고 명명하기도 했다.

바둑에서 '돌을 버릴 줄 알아야 한다.' 라는 격언이 있듯이, 언제 어느 장면에서도 집에 연연하지 않고 최선의 한 수를 찾는 것은 고수의 첩경이다. 또한 얼마나 '바른 눈(正眼)', 즉 선(禪)에서 말하는 안목(眼目)을 갖느냐가 중요하다. 지혜의 눈을 가져야 예측불허의 수가 보이기 때문이다. 여기에 얄팍한 속임수는 통하지 않는다. 바둑의 정석이 바로 정도(正道)인 셈이다. 바르게 보고, 말하고, 행하고, 생각하라는 불교의 팔정도(八正道)가 바둑의 정석과 다를 바 없는 것이다.

바둑과 불교, 특히 선(禪)을 비교할 수 있는 바둑 격언에 '반전무인(盤前無人)', 즉 '반상 앞에는 사람이 없다.' 라는 말이 있다. 승부에 집착하지 않고 마음이 명경지수(明鏡止水)와 같이 차분히 가라앉아 아무 것도 걸림이 없는 무아지경(無我之境)을 표현한 말이다. 선 수행자들이 추구하는 한 물건도 없는 무일물(無一物)의 경지와 유사하다. 이는 상대 대국자를 의식하지 말고 바둑 자체에만 몰두해야 한다는 의미이기도 하다. 상대의 나이나 명성, 실력 등 바둑판의 내용과 무관한 여러 가지 요소들을 자꾸 의식하고 껄끄러운 마음으로 대국에 임하면 자신도 모르게 그러한 것들이 대국 내용에 영향을 미쳐 평소의 기량을 제대로 발휘하지 못하기 때문에 나온 교훈이다. 그러므로 반상에는 오직 흑돌과 백돌의 부딪힘이 있을 뿐이라는 생각으로 평정심을 가지고 대국에 임하며 상대에 대해서는 특별히 의식하지 않는 수련이 필요한 것이다.

이처럼 바둑판 위에서 주고받는 한 수, 한 수의 작용만 있고 정작 두는 사람이 없는 '무심의 거래'가 끝나면 바둑판은 홀연히 태초로 돌아간다. 동요, 결단, 환희, 고통으로 뒤범벅된 한판의 바둑도 한 순간에 사라지고 그 자리는 다시 비어버린다. 텅 빈 바둑판은 어느새 비어 있으면서도 가지가지의 묘수를 숨겨둔 진공묘유(眞空妙有)로 돌아가는 것이다.

이러한 바둑과 선(禪)의 유사성에 대해 혹자는 '기선일여(棋禪一如)'라 부른다. 선(禪)에 1700 공안이 있듯 바둑판에서의 수는 곧 하나 하나가 공안이다. 어디 바둑의 수뿐이랴. 일상생활의 순간순간이 화두요, 수행의 시간이 아닐 수 없다. 늘 평상심과 무심으로 욕심 없이 살려는 노력이 선(禪)과 하나 된 의미 있는 삶이 아닐까. 이렇게만 된다면야 바둑을 두면 기선일여요, 차를 마시면 선다일여(禪茶一如)인 여유로운 삶을 항상 누릴 수 있을 것임에 틀림없다.

바둑 격언에서 배우는 선(禪)과 인생

바둑에서는 가장 기초적이면서도 지키기 어려운 10가지 격언이 있는데 이것을 '위기십결(圍棋十訣)'이라 한다. '바둑 둘 때 마음에 새기고 있어야 할 10가지 교훈' 또는 '바둑을 잘 두기 위한 10가지 비결'이라고 말할 수 있다.

위기십결을 지은 사람은 중국 당나라 때의 시인이자 당 현종의 '기대조(棋待詔, 황제의 바둑 상대역을 맡는 벼슬의 일종)'를 지냈던 바둑 고수 왕적신(王積薪)이라는 것이 정설로 되어 있었다. 그러나 1992년 여름 대만의 중국교육성 바둑편찬위원인 주명원(朱銘源) 씨가 '위기십결은 왕적신이 만든 것이 아니라 송나라 때의 유중보(劉仲甫)의 작품'이라는 새로운 학설을 제기함에 따라 현재 위기십결의 원작자가 누구냐 하는 문제는 한·중·일 바둑사 연구가들의 숙제로 남아있다.

그런데 이 위기십결에는 선(禪)과 인생의 심오한 이치가 담겨 있어 바둑과 인생과 선의 근원이 다를 것이 없음을 암시하고 있다.

부득탐승(不得貪勝) - 집착과 욕심 없는 정진

　부득탐승(不得貪勝)은 너무 이기려고만 하지 말라는 교훈이다. 바둑은 승부를 다투는 게임이므로 바둑을 둘 때는 필승의 신념을 갖고 자신 있게 두어가야 한다. 필승의 신념과 이기려고 하는 마음은 언뜻 들으면 거의 똑같은 말 같지만 사실은 정반대의 것이다.

　필승의 신념이 있으면 과감하게 나가야 할 때 과감할 수 있다. 그러나 꼭 이기고 싶어하는 마음, 즉 '져서는 안 된다.'라고 집착하거나 '지면 어떡하나.' 하는 불안감에 얽매이면 심리적으로 위축이 되어 바둑을 활달하게 둘 수 없다. 한마디로 게임에 집착하거나 과욕을 부려서는 안 된다는 말이다. 한 수(手) 한 수 머물지 않는 무주(無住)의 마음과 무집착의 마음으로 최선을 다해 바둑을 둘 때 한판의 명국이 탄생하는 것이다.

　필승의 신념이 있고 자신감이 있으면 어깨에 힘이 들어가지 않는다. 그러나 꼭 이겨야 한다고 조바심을 내게 되면 어깨에 힘이 들어가기 마련이다. 때문에 어깨에 힘을 빼고 집착을 여읜 상태에서 바둑에 임하라는 것이다. 물론 그게 말처럼 쉬운 것만은 아니다. 오랜 기간 인격수양을 해도 도달하기 어려운 경지임에 틀림없다. '큰 승부에 명국 없다.'라는 바둑 속담이 있듯이, 수십 년 동안 바둑만 두어온 프로기사들도 상금이 크게 걸린 바둑이나 이기고 지는 것에 따라 자신의 명예가 좌우되는 그런 바둑을 두는 경우에는 평소의 기량을 충분히 발휘하지 못하기가 일쑤다.

위기십결의 원작자가 바둑을 잘 두기 위한 10가지 비결을 궁리하면서 바둑의 기술적인 내용들을 제치고 '부득탐승'이라는 마음의 자세를 제일 위에 놓은 것은 아마도 실천하기가 가장 어려운 항목이라고 생각했기 때문일 것이다. 그런 면에서 볼 때 부득탐승의 도리를 몸으로 체화해 무욕(無慾)의 바둑을 두는 프로기사는 단연 이창호 국수일 것이다. 어릴 때부터 이런 도리를 몸에 익혔으니 세계 최강이 된 것이 결코 우연이 아님을 알 수 있다.

입계의완(入界誼緩) - 정확한 형세판단과 기다림

입계의완(入界誼緩)은 경계를 넘어 들어갈 때는 천천히 행동하는 것이 당연하다는 뜻으로 해석된다. 대국에서 포석이 끝나면 상대방 진영과 내 편 진영 사이의 경계가 윤곽을 드러내게 되는데, 그런 시점에서 서두르지 말라는 말이다.

누구나 내 집보다는 남의 집이 커 보이는 법이고, 내 집만 일방적으로 크게 키우는 방법이 없을까를 연구하기 마련인데, 입계의완은 그래서는 안 된다는 것을 말하고 있는 것이다. 조화, 중용, 타협, 절충, 인내 등 이런 덕목들을 한데 섞어 한마디로 압축해서 표현한 문구라고나 할까. 이창호 바둑의 특징으로 대변되는 기다림과 하심(下心),

인욕(忍辱)의 바둑이 바로 이 격언의 위력을 실증하고 있다.

나아가 입계의완이 지향하고 있는 바는 정확한 형세 판단의 경지라고도 할 수 있다. 내가 지금 불리한지, 유리한지를 알아야 약간의 무리를 무릅쓰고라도 일전을 불사할 것인지, 평화를 택할 것인지, 깊이 뛰어들 것인지, 가볍게 삭감만 할 것인지 결정할 수 있기 때문이다. 이른바 '바른 안목[正眼]'과 '바른 견해[眞正見解]'를 전제로 한 말이다.

입신의 경지라고 하는 프로 9단들도 "바둑에서 가장 어려운 것이 형세 판단"이라고 말한다. 형세 판단은 감각, 수읽기, 전투력 등 각자가 지닌 기량의 총체적 표현이기 때문이다. 선의 세계에서도 깊은 수행을 쌓은 고수들이 다양한 체험과 높은 안목으로 하수들을 한 수 지도하는 경우가 많은데, 바둑 역시 이와 다르지 않다.

공피고아(攻彼顧我) – 공격에 앞서 먼저 내 발밑부터 살피자

공피고아(攻彼顧我)는 상대방을 공격하고자 할 때 먼저 나 자신을 한번 돌아보라는 말이다. 나에게 약점은 없는지, 혹시 반격을 당할 소지는 없는지 등을 일단 잘 살펴본 후에 공격하라는 가르침이다. 병법에 나오는 '지피지기 백전백승(知彼知己 百戰百勝)'이란 말과 같다. 선에서는 대상을 인식하고, 이에 반응하기에 앞서 자신의 마음을 먼

저 돌아보는 회광반조(廻光返照)를 말한다. 자기 자신을 모르고서 하는 모든 일은 망상과 집착에 불과한 것이어서, 행복보다는 불행을 자초하기 마련이다. 대신 자신의 마음, 즉 성품을 본 견성(見性)한 사람은 대상을 정확히 보는 안목을 갖고 사물에 대응하며, 헛된 집착으로 고통에 얽매이지 않는다.

산사에 가면 신발 벗어놓는 댓돌 위에 '발밑을 살피라'는 뜻의 '조고각하(照顧脚下)'라고 쓰인 주련이 걸린 것을 볼 수 있다. 신발을 잘 벗어 놓으라는 뜻도 되겠지만 보다 근본적으로는 지금, 자기의 존재를 살펴보라는 의미이다. 현재 처해있는 상황을 스스로 살펴보라는 법문이다. 순간순간 내가 어떻게 처신하고 있는지 돌아보면 거기에 진리가 있다는 가르침이다. 바둑에서 상대방을 공격하든, 일상 속에서 어떤 새로운 일을 추진하든 먼저 자신의 위치와 능력을 파악하고 매진한다면 실수도 줄일 수 있고 원만한 성취도 이룰 것이다.

기자쟁선(棄子爭先) – 집착을 내려놓되 선수를 잡으라

기자쟁선(棄子爭先)은 돌 몇 점을 희생시키더라도 선수(先手)를 잡는 것이 중요하다는 뜻이다. "하수는 돌을 아끼고 상수는 돌을 버린다."라는 속담도 있다. 초심자일수록 자기 편 돌은 하나도 죽이지 않으려고 집착하는 모습을 흔히 볼 수 있다. 그러나 고수들은 초심자가 보기에는 대마(大馬) 같은데도 필요에 따라서는 쉽게 버리곤 한다.

이 말은 사석(死石) 작전, 즉 '버림돌 작전'의 중요성을 강조하는 것이기도 하다. 환격이나 회돌이, 먹여 쳐 파호하기 등은 아주 초보적인 버림돌 작전이라고 할 수 있다. 이를 참선에 비유한다면 어떠한 관념이나 집착, 망상도 모두 내려놓아라고 하는 방하착(放下着) 공부를 들 수 있다. 참선에서 마음을 허공처럼 비우기 위해서는 온갖 번뇌를 끊임없이 내려놓아라고 말하는데, 기자쟁선의 교훈은 생사의 해탈을 위해 번뇌와 분별심을 버리고 우선 정진에만 매진하라는 의미로 다가온다.

기자쟁선은 또 요석과 폐석을 잘 구분하라는 가르침을 포함하고 있다. 쓰임새가 없어진 돌은 덩어리가 아무리 커도 가치가 적은 것이고, 비록 한 점이라도 상대방을 끊고 있는 돌이라든가 근거에 관계된 돌은 죽여서는 안 된다. "버려라, 그러면 이긴다." 선가의 선문답을 연상케 하는 이 말은 중국의 섭위평 9단이 승부의 좌우명으로 삼고 있는 말이라고 한다. 바둑에서 선수의 중요성은 아무리 강조해도 지나치지 않다. 호선바둑에서 덤을 5집 반이나 내야 하는데도 프로기사들이 흑을 들고 싶어하는 것은 선수의 가치를 잘 말해 주고 있다고 할 수 있다.

사소취대(捨小取大) – 버려라, 그러면 이긴다

사소취대(捨小取大)는 작은 것을 버리고 큰 것을 취하는 기자쟁선과 일맥상통하는 말이다. 그러나 이게 말처럼 그렇게 간단한 일은 아니다. 승부에 몰두하거나, 집착을 하게 되면 냉정을 잃게 되고 판단이 흐려지기 일쑤기 때문이다. 더구나 작은 이익은 눈앞에 보이고 큰 이익은 멀리 있어 잘 보이지 않는 경우가 많은 법이다. 그럴 때 냉정하게 멀리 내다보고 작은 이익을 먼저 포기하기란 수행이 되지 않으면 실행하기 어려운 일이다.

참선수행에 있어서도 눈앞에 뭐가 보이길 바란다든지 빠른 수행의 결과를 기대하기 쉬운데, 이런 경우 확철대오는 영영 기대하기 어려운 법이다. 수행과정에서 경험하는 사소한 효과와 변화는 무시하고 생사해탈이란 일대사를 해결하기 전까지는 묵묵히 옆도 뒤도 돌아보지 않고 가야하는 법이다.

사소취대를 실천하기 위해서는 원대한 이상을 실현하기 위해 일상생활 속에서 크고 작은 일에 집착하거나 흔들리지 않는 부동심을 길러야 하고 사소한 번뇌는 버릴 수 있는 용기를 배양해야 한다.

봉위수기(逢危須棄) - 방하착하면 위기란 없다

봉위수기(逢危須棄)는 위기에 처할 경우에는 모름지기 버리라는 것이다. 다시 한 번 방하착의 도리를 강조하고 있는 교훈이다. 집착과 미련을 버려야 할 때 버릴 줄 알면 괴로운 마음도 텅 비워져 어느새 청정한 불심이 깃들게 마련이다.

바둑에서는 곤마가 생기지 않도록 하는 것이 최상책이지만, 대국을 하다 보면 피차 곤마가 하나 둘, 혹은 그 이상 생기기 마련이다. 곤마가 생겼을 때는 먼저 생사(生死)의 확률을 잘 판단해야 한다. 살아가는 길이 있다면 살려야 하지만, 도저히 살릴 가망이 없다고 판단이 된다면, 또 살더라도 여기저기서 대가를 크게 지불해야 할 것처럼 보인다면 미련을 두지 말고 과감히 버리는 것이 차선책은 된다. 가망 없는 곤마를 질질 끌고 나가게 되면 잡히는 경우 대패하게 되고 살더라도 결국 지고 만다.

곤마는 덩어리가 커지기 전에 일찌감치 버릴 것인지, 살릴 것인지 결단을 내려야 한다. 이는 참선 도중에 치성하는 망상과 번뇌가 마음속에 떠오르는 순간, 즉각 알아차리는 법과 같다. 온갖 망상은 번뇌임을 알아차리는 순간 사라지고 마니 참으로 묘한 일이다. 무릇 욕심 없는 텅 빈 마음의 눈으로 볼 때 바르게 볼 수 있고 바른 판단도 나오는 법이다.

신물경속(愼勿輕速) – 빨리 깨달으려 하는 게 병이다

　신물경속(愼勿輕速)은 바둑을 경솔히 빨리 두지 말고 신중히 한 수 한 수 잘 생각하면서 두라는 말이다. 감각을 훈련하는 데는 속기로 많은 판을 두어 보는 것도 한 방법이 되지만, 실제 대국에서는 빨리 두어서 좋을 것이 별로 없다. 빨리 두다 보면 착각이나 실수를 많이 하게 되기 마련이다. 속기의 천재이자 독실한 불자인 서능욱 9단 같은 프로 고수도 속기의 악습을 고쳐보고자 한때는 염주를 들고 다녔다고 할 정도로 소위 '덜컥수' 는 뿌리 깊은 습관의 하나다.

　수행에 있어서도 경솔함은 절대 금기사항 중 하나이다. 진중한 마음가짐으로 고요하면서도 또렷또렷하게 늘 깨어 있는 것이 공부의 기본이기 때문이다. 깨달음을 이루겠다는 마음을 속효심(速效心)이라고 하는데, 이는 깨달음에 대한 하나의 집착이 되어 오히려 깨달음과는 거리가 먼 잘못된 수행으로 빠지게 하는 원인이 되기도 한다. 좀 늦더라도 차근차근 길을 걸어가는 것은 바둑이나 참선이나 다를 바 없다.

동수상응(動須相應) - 흑과 백은 둘이 아니다

동수상응(動須相應)은 행마를 할 때는 모름지기 이쪽저쪽이 서로 연관되게, 서로 호응을 하면서 국세를 내 편에 유리하게 이끌 수 있는 방향으로 운석하라는 것이다. 바둑돌은 판 위에 한번 놓이면 그 위치는 변경될 수가 없지만, 그 역할은 시시때때로 바뀐다. 마치 살아 움직이는 유기체와 같기 때문이다.

선에는 주관과 객관, 나와 너, 흑과 백, 사랑과 미움, 옳고 그름, 길고 짧음을 둘로 보지 않는다. 이를 '불이(不二) 법문'이라 한다. 모든 상대적인 분별의 세계를 초월해 둘도 하나도 아닌 상보관계를 말하는 선문에서는 "나와 너는 천지만물과 더불어 하나."라는 의미로 '천지여아동근(天地與我同根)이요 만물여아일체(萬物與我一體)다.'라고 말한다.

바둑에서는 같은 돌끼리만 상응하라고 말하지만, 선에서는 같은 돌은 물론이요 흑과 백의 돌이 조화를 이룰 것을 말한다. 중국의 오청원 9단은 흑과 백의 조화를 추구하는 바둑을 '중화(中和)의 바둑'이라 명명했는데, 선의 사상과 유사하다.

피강자보(彼强自保) - 인욕하며 때를 기다리라

피강자보(彼强自保)는 상대가 강한 곳에서는 내 편의 돌을 잘 보살 피라는 뜻이다. 형세가 조금 불리하게 느껴진다고 해서 상대편 병사 가 많은 곳에 마구 뛰어든다거나 내 돌에 약점이 많은데도 불구하고 싸움을 벌인다거나 하는 것은 패국으로 가는 지름길이 될 뿐이다.

특히 불리할수록 참고 기다리는 자세가 필요하다. 꾹 참고 기다리 다 보면 언젠가 기회는 찾아오는 법이다. 바둑이 불리해진 것은 내가 실수를 했기 때문이다. 그러나 상대도 사람인지라 실수를 한다. 그러 나 소위 "손님 실수 기다린다."라는 것하고는 차원이 다르다. 내 쪽에 서 되지도 않는 수를 두면서 요행을 바라는 것이 손님 실수를 기다리 는 행동이라면, 불리한 대로 침착하게 정수로 두어가면서 기회를 보 는 것이 참는 것이요, 인내하는 것이다.

인생살이와 구도의 역정도 마찬가지지만 바둑에서도 대개 참는 자 가 이기게 되어 있다. 인욕과 끈기의 바둑으로 세계최강을 유지하고 있는 이창호 9단이 이를 웅변해 준다. 더구나 이창호 9단이 평생 소 원하는 것이 "실수 없는 한 판의 바둑을 두는 것"이란 말을 상기하면 완벽한 바둑을 위해 끝없이 정진하는 진정한 고수의 면모를 엿볼 수 있다.

세고취화(勢孤取和) – 하심과 중도(中道)의 수행

세고취화(勢孤取和)는 '피강자보'와 비슷한 말로서, 상대편 세력 속에서 고립이 되는 경우에는 빨리 안정하는 길을 찾으라는 뜻이다. 일단 살고 나서야 후일을 도모할 수 있기 때문이다. '사나이 대장부가 목숨을 구걸할 수 있나. 치사하게 사느니 싸우다 죽는 것이 낫지.' 하면서 무조건 싸우려고 하는 것은 만용일 따름이다.

『삼국지』 등을 보면 천하를 도모하는 수많은 영웅호걸들도 때가 아니라고 느끼거나 형세가 불리하다고 판단이 될 때는 남의 가랑이 밑을 기기도 했다. 원대한 꿈을 실현시키기 위해 순간의 불편이나 굴욕은 참고 넘어가는 것, 그것이 진정한 용기이다.

수행의 과정도 이와 다르지 않아서 사람들의 모욕이나 힘든 경계를 만났을 때 저항하기보다는 인연에 따르되 본성을 여여부동하게 유지하는 지혜가 필요하다. 역경계를 만났을 때 참지 못하고 맞부딪치면 스스로의 고통만 커질 뿐이다. 천하를 호령하는 고수가 되기 위해서 진중하게 때를 기다리며 인욕하고 하심하는 것은 수행자나 프로기사나 다를 바 없는 것이다. 깨달음을 구하기 위해 자신의 육신을 혹사시키는 것은 중도(中道)의 수행에 어긋나는 어리석은 짓이다. 마치 거문고의 줄을 느슨하지도 빽빽하지도 않게 적당하게 조이고 음악을 연주할 때 아름다운 곡이 나오는 것처럼, 인생이나 바둑이나 참선공부나 다를 바가 전혀 없다.

인생이나 바둑, 참선을 도(道)라고 이름 붙인다면, 도에 어찌 별다른 길이 따로 있겠는가. 하나의 도를 통하면 만물과 인생의 이치에 통달하지 못할까 걱정할 것이 무엇이겠는가. 승패를 초월한 한 판의 대국을 통해 마음을 주고받는 수담(手談)은 인생의 축소판이자 도를 닦는 작은 도량이나 다름 없다. 너와 나, 승패를 초월한 무심의 바둑을 통해 기선일여(棋禪一如)의 경지를 체험해 보는 것은 어떨까.

참선을 하는 가장 큰 목적은 미망 속에 헤
매는 '거짓 나'로부터 벗어나 본래부터 완
전한 '참 나'를 깨달아 진리와 하나가 됨
으로써, 인격을 완성하고 나아가 일체 중
생을 진리의 세계로 인도하기 위한 것임
은 두 말할 필요가 없다.

스포츠에서 배우는 집중과 평상심의 힘

　대표적인 불자 축구 스타인 박지성과 설기현을 비롯해 야구의 박찬호와 서재응, 골프의 박세리, 박지은, 안시현 등 유독 스포츠 분야에서 불자들이 두각을 나타내는 이유는 무엇일까. 아직 불교 또는 선(禪)과 스포츠의 상관관계에 대한 학술적인 연구성과가 나온 것은 없지만, 선의 집중력과 평정심, 마인드 컨트롤 등이 선수들에게 긍정적인 영향을 미친다는 사실은 이미 널리 알려져 있다.

　스포츠에서 선이 적용된 가장 생생한 예를 든다면, 미국 프로농구(NBA)의 시카고 불스팀 감독을 1998년 시즌까지 맡았던 유명한 필 잭슨 감독의 이야기일 것이다. 그가 1994년 시카고 불스팀이 3년 연속 우승이라는 경이적인 기록을 세우자 스포츠 기자들이 몰려들어 기자회견을 요청했다. 기자들이 "3연패를 달성한 선수 훈련 비법이 무엇인가?" 하고 묻자 그는 "선수들을 선적(禪的)으로 훈련시켰다."라고 말해 비상한 관심을 모았다.

필 잭슨 감독이 말한 '선적인 훈련' 이란 선수들로 하여금 승부에 대한 일체의 집착을 버리고 무심(無心)의 경지에서 자신들의 기량을 최대한 발휘하게 했다는 이야기다. 물론 게임에 임하는 다른 많은 감독과 코치들도 "승부에 집착하지 말고 힘껏 뛰라."고 말하고 선수들 역시 관념적으로는 그렇게 하리라고 다짐하곤 한다. 하지만 코트에 들어서는 순간, 선수들은 자신도 모르게 승부에 속박 당하면서 긴장과 압박감을 갖게 마련이다.

그러나 필 잭슨 감독의 '선적인 훈련' 은 구두선(口頭禪)이 아닌 바로 참선을 통한 무심의 체득이었기에 진정한 효과를 얻을 수 있었던 것이다. 그는 선수들을 코트에 들여보내기 전에 자투리 시간이라도 내서 좌선을 하게 해 무심의 심지(心地)가 흔들리지 않도록 안정시켰다. 시카고 불스팀의 시합 전 좌선은 장소에 구애받지 않고 단 1분, 5분씩이라도 꼭 하며, 현재도 시카고 불스팀의 참선은 하나의 전통으로 굳어져 그대로 계속되고 있다고 한다.

이러한 마인드 트레이닝은 모든 스포츠에 공통적으로 필요한 요소이지만, 골프만큼 강조되는 스포츠도 없을 것이다. 저명한 PGA 투어 강사이자 심리학 박사인 조셉 패런트가 쓴 『젠골프』가 세계적인 베스트셀러가 된 것이 결코 우연이 아니다. 조셉 패런트는 "지금 이 순간에 충실하면서 잡념을 떨쳐낼 수 있는 마음, 그것이 명상이고 선(禪)이다."라고 하면서 골프를 통해 선(禪)을 체험해 보라고 권하고 있다.

초감 트룽파에게 불교와 선을 익힌 조셉 페런트는, 골퍼들에게 스윙을 가르치는 대신 정신을 가다듬고 가슴으로 공을 치는 법을 가르친다고 한다. 장비가 아무리 개선되고 스윙을 분석하는 도구가 아무리 발전한다 하더라도 필드에 들어서서 정신을 조절할 수 없다면 헛수고일 테니까 말이다. 결국 골퍼의 가장 큰 적은 '흔들리는 마음'이다. 하지만 그게 어디 골프만의 문제이겠는가. 모든 스포츠와 비즈니스를 포함한 인생살이의 성공 여부가 얼마나 매사에 부동심(不動心)과 무심(無心)을 유지할 수 있느냐에 달렸으니 말이다. 따라서 마음을 우리의 적이 아니라 동지로, 든든한 후원자로 만드는 것이 스포츠를 비롯한 모든 게임에 승리하기 위한 관건이라 할 수 있다.

자신에게서 벗어나야 참된 발사가 이뤄진다

결정적인 순간의 집중력과 부동심, 승부에 대한 무집착 등은 골프의 샷, 축구의 슛, 야구의 히트, 궁술의 발사(發射) 순간 등에 공통적으로 해당됨은 물론이다. 특히 이 가운데 활쏘기는 고도의 정신집중이 필요한 마인드 게임이라 할 수 있다. 활쏘기에서 발사 순간은 호흡과 몸의 이완과 집중 그리고 갑작스런 발사가 자신도 모르는 사이에 일어나야 하는 고난도의 과정이다. 너무 힘주어 활시위를 잡고 있으면 놓을 때 흔들림을 피할 수 없고, 손에 힘을 빼고 잡고 있으려니 너무 빨리 발사가 이루어져서 완전히 당겨지기도 전에 튕겨나가고 마는 상황에서 위대한 궁사(弓師)는 이렇게 조언을 한다.

> 올바른 순간에 올바른 발사가 이루어 지지 않는 것은 스스로에게서 벗어나지 못하기 때문이다. 당신은 성공에 온 정신을 쏟는 것이 아니라 미리부터 실패를 인정하고 있다. 자신에게서 벗어나지 않으면 참된 발사는 이루어지지 않는다.
>
> 오이겐 헤리겔의 『활쏘기의 선』

발사 순간에 무아(無我), 무념(無念)이 되어 무집착의 상태가 되지 않고 중대한 순간에 긴장을 떨치지 못하고 실수해 버린 숱한 경험을 일깨워 주는 말이다. '아! 그때 나는 왜 그랬던가.' 그것은 나와 나의 성공에 집착하는 그 순간, 그 사실에 매달렸기 때문임을 깨닫게 된다.

따라서 올바른 발사는 내가 쏘는 것이 아니라 그것(성품, 본래면목)이 쏘는 것이다. 올바른 발사를 말로 설명할 수는 없지만, 잘못된 발사와의 차이는 확연해서 한번만 경험하면 잊어버리지 않는다고 한다. 올바른 발사 이후에도 해냈다는 마음 없이 평상심으로 되돌릴 수 있어야 다시 올바른 발사를 할 수 있으며, 올바른 발사 이후에는 새로운 인생이 열리게 된다는 것이 궁술 대가들의 한결같은 가르침이다.

내가 쏘는 것이 아니라 '그것'이 쏘는 것이다

올림픽, 아시안 게임 등 각종 국제대회에서 1위를 놓치지 않아 '효도 종목'이라 불리는 양궁은 활시위를 과녁에 겨냥하기까지 요구되는 고도의 집중력과 마음가짐을 위해 끊임없이 자신을 관찰해야 하는 정신운동이다. 골프와 함께 최고의 '정신 스포츠'로 불리는 이러한 양궁의 심법(心法)을 터득하기 위해서는 평소에 참선 공부를 지속적으로 해야 함은 물론이다. 심신의 안정과 여유를 가져다 줄 수 있는 참선을 오랫동안 지속하면 스포츠인들은 물론 격무와 스트레스에 시달리는 현대인들에게도 쉼터 역할을 할 수 있는 것이다.

일반적으로 참선을 하게 되면 신경기능이 조절되고 정상화되어서 심신이 안정되는 효능이 있다고 알려져 있다. 또한 마음이 차분해지고 느긋해지며 원만해지고 이해의 폭이 넓어진다. 꾸준히 참선을 하다 보면 의지가 강해지고, 정신이 안정되고 집중력이 생기게 되어 운동할 때나 일할 때도 능률이 오르게 된다. 참선을 하면서 부수적으로 단전호흡을 하기 때문에 생명력이 왕성해져서 건강이 증진되고 면역력이 강화되며, 창조력과 지적능력이 계발되기도 한다. 물론 이러한 참선의 효능은 그 자체가 목적은 아니다. 참선을 하는 가장 큰 목적은 미망 속에 헤매는 '거짓 나'로부터 벗어나 본래부터 완전한 '참 나'를 깨달아 진리와 하나가 됨으로써, 인격을 완성하고 나아가 일체 중생을 진리의 세계로 인도하기 위한 것임은 두 말할 필요가 없다.

이과 같이 참선의 다양한 효능을 직·간접적으로 접하기 쉬운 불자들이 스포츠 분야에서 두각을 나타내는 것은 어쩌면 당연한 일인지도 모른다. 대부분의 운동선수들은 중요한 시합을 앞두고 심리적 압박감과 긴장상태에 빠지기 쉽기 때문에 시합에서 최고의 기량을 발휘하려면 '평상심'을 유지해야 한다. 따라서 '마인드 컨트롤'과 마음 수행은 필수적인 것이다. 참선을 통해 마음자리를 살피기 시작하면 자신감이 생기게 되고, 그만큼 강한 집중력과 추진력을 갖게 될 것이다.

칼날이 몸에 육박해 오는 때도 동요됨이 없다

하지만 무엇보다도 선수들이 느끼는 불교의 장점은 마음을 편안하게 해준다는 점이다. 선사들의 안심(安心) 법문이나 '관세음보살' 또는 '옴마니반메훔' 정근 등을 통해 '평상심이 도[平常心是道]'인 생활을 해나가다 보면 언제 어느 때라도 마주한 일과 행위에 끄달리지 않고 주인이 되어 늘 여여(如如)하게 살게 된다. 평상시 이런 여유 있는 삶의 태도가 몸에 배인 불자 선수들이 치열한 경기에서 탁월한 성과를 내는 것은 당연한 것 아닐까.

검선일여(劍禪一如)의 경지에 도달해 무도류(無刀流)의 시조가 된 일본의 야마오카 뎃슈우(山岡鐵舟, 1836~1888) 거사는 "'본래 한 물건도 없다[本來無一物].'라는 도리를 진실로 체득한다면 새파란 칼날이 몸에 육박해 오는 때도 동요됨이 없이 대처할 수 있다."라고 말한 바 있다. 선과 검이 둘이 아닌 그의 사상은 조사스님들의 법문과 전혀 다름이 없다.

> 마음 밖에 따로 칼(刀)이 없으며, 삼계(三界)는 오직 한마음[一心]이다. 한마음은 안팎으로 본래무일물(本來無一物)인 까닭에 적과 마주하는 때에 앞에는 적이 없고 뒤에는 내가 없어서 묘응무방(妙應無方), 나의 흔적을 남기지 않는다.
>
> 『일본의 10대선사』

이와 같이 검이든, 활이든, 골프채든, 공이든, 야구 방망이든 마주한 대상과 일체가 되어 무심으로 게임에 임하다 보면, 어느새 대상도 나도 인식할 수 없는 무아지경(無我之境)에서 오로지 또렷또렷한 관조(觀照)만이 흐르게 된다. 주관과 객관이 끊어진 상태에서 어떠한 집착이나 두려움, 분별심, 관념도 없이 순일한 무념(無念) 상태에서 집중된 행위가 이뤄지면, 거기에서 위대한 명승부나 대기록이 쏟아져 나오게 된다. 예로부터 무술이나 예술 분야의 대가들이 모두 이러한 무심의 경지에서 위대한 성과를 일궈냈다는 사실은 누구도 부인할 수 없을 것이다.

이처럼 탁월한 선(禪)의 효능을 통해 건전한 스포츠의 발전이 이뤄진다면 불교의 대중화와 생활화는 자연스럽게 이뤄지지 않을까. 선과 스포츠의 연관성과 인과관계를 밝히는 학문적인 연구가 이뤄진다면 불교계는 물론 많은 스포츠인들이 이익을 얻을 것이라 기대해 본다.

있는 그대로 내려놓아라

선 禪

초판 1쇄 펴낸날 | 2009년 1월 16일

지은이 | 김성우
펴낸이 | 이금석
마케팅 | 곽순식, 김선곤
기획·편집 | 박수진, 한혜진
디자인 | 로그트리
물류지원 | 현란

펴낸곳 | 도서출판 무한
등록일 | 1993년 4월 2일
등록번호 | 제3-468호

주 소 | 서울시 마포구 서교동 469-19
전 화 | (02)322-6144
팩 스 | (02)325-6143
홈페이지 | www.muhan-book.co.kr
e-mail | muhan7@muhan-book.co.kr

값 15,000원
ISBN 978-89-5601-215-5 (03220)